SCHIBRI
VERLAG

Claudia Cremer, Michael Drechsler,
Claus Mischon, Anna Spall

Fenster zur Kunst

Ideen für kreative Museumsbesuche

SCHIBRI VERLAG BERLIN • MILOW

Fenster zur Kunst

Herausgegeben vom
Museumspädagogischen Dienst Berlin
Chausseestraße 123, D-10115 Berlin
Telefon: (030) 283 973
Telefax: (030) 282 61 83
in Zusammenarbeit mit dem Institut für Kreatives Schreiben Berlin

Die Deutsche Bibliothek - CIP-Einheitsaufnahme

Fenster zur Kunst : Ideen für kreative Museumsbesuche / [hrsg. vom Museumspädagogischen Dienst Berlin]. Claudia Cremer ... - Milow : Schibri-Verl., 1996
ISBN 3-928878-32-8
NE: Cremer, Claudia; Museumspädagogischer Dienst <Berlin>

Bestellungen über
den Buchhandel,
den Museumspädagogischen Dienst Berlin
oder direkt beim Verlag

Telefon + Fax (039753) 22757

Druck: WB-Druck, Rieden
Titelgraphik: Ulrike Damm, Berlin

ISBN 3-928878-32-8

Inhalt

Ein Fenster zur Wirklichkeit

(Vorwort)

I

Es gab eine Zeit, da lieferte das, was wir heute Kunst nennen, jene Bilder, die man brauchte, um sich Gott und die Welt vorstellen zu können. Kunst war, im praktischsten Sinn, Lebenshilfe. Dann folgte die Zeit, in der die Künste die Bilder lieferten, wie man sich Gott und die Welt vorstellen sollte. Da war die Kunst Orientierungshilfe in den immer komplexeren Strukturen von Religion und Gesellschaft. Und schließlich folgte die Zeit, in der die Kunst, wie Hegel es sagte, ihrer höchsten Bestimmung nach eine Vergangene sei. Da wurde die Kunst scheinbar erst frei, weil auf sich selbst bezogen, nur: wer soll sie dann noch wahrnehmen und warum. Thomas von Aquin lehrte uns schon: nichts ist sinnloser als ein Bild, daß sich selbst aussagt.

II

Fast sieben Millionen Menschen besuchen jährlich die Museen in Berlin. Viele davon gehen in Kunstmuseen, Kunstausstellungen, einige auch in Galerien und auf Auktionen. Kunst begegnet uns im Stadtbild, beim Arzt, beim Rechtsanwalt, in den Banken, den öffentlichen Ämtern (manchmal), auf jeden Fall in jedem Direktorenzimmer und bei allen Leuten, die etwas mehr verdienen, als wir selbst. Kunst, alte, neue, aktuelle an Häusern und Fassaden, auf Plätzen und an vielen Wänden, Kunst in den Museen, Galerien. Kunst überall. Das stimmt, und es ist doch nicht wahr. Gemessen an der Bilderflut, die uns umgibt, ist Kunst ein Bruchteil nur und weniger als das: zwar sichtbar, aber kaum gesehen.

III

Wir alle wissen: Kunst gehört zum Leben; nicht nur die weisen Kunstverkäufer lehren das. Wir wissen auch, die wahre Kunst ist immer ein wenig subversiv – nicht ohne Not will jede Diktatur sie unterdrücken –, das heißt: sie kann uns zu uns selber bringen, und wenn wir dort erst einmal sind, dann werden wir die Welt mit eignen Augen sehen; viel schlimmer noch: wir werden uns ein eignes Urteil bilden und – davor herrscht die größte Angst – im besten Falle danach handeln. Die Kunst sagt doch wohl immer mehr aus als sich selbst.

IV

Da haben wir des Pudels Kern: wenn wir die Hüllen des Historischen, des Kaisers neue Kleider der Kritik, den sich als Wissenschaft gebenden Kleister von der Kunst wegnehmen, dann sehen wir das Leben, die Lust, das Leid der Menschen durch Jahrtausende vor unseren Augen aufgetan, ein Bild der Wirklichkeit, das aus Vergangenheiten in die Zukunft führt. Dann ist die Kunst nicht fern und unvorstellbar, nicht Öl auf Leinwand, von Herrn oder Frau X gemalt, im Jahre irgendwann, wie es uns die Museen lehren. Dann ist sie alles oder – nichts (der Alptraum jedes Händlers), hat eine Gegenwart, wann immer sie entstanden ist, und rückt uns auf den Leib.

V

Wenn in die Mauern des Gewohnten Fenster gebrochen und wir, wie Joseph Beuys es wünschte, alle zu Künstlern unseres eigenen Lebens werden, begleitet von der sichtbarer gewordenen Kunst, dann sind wir wieder offen für Visionen, für eine Zukunft, die wir alle leben möchten.
„Fenster zur Kunst“ – ein großartiger Titel. Und das Versprechen wird auch eingelöst. Erfahrungen sind aufge-

schrieben, Versuche, Lösungen und viele Wege, die jedem Einzelnen das Mitgehen erlauben. Man muß sich nicht erst durch den Reisberg fremden Wissens fressen, um sich mit Augen, Ohren und der eignen Sprache dem zu nähern, was uns als hehre Kunst aus den Sinnen geraten war. Ein Kochbuch für den je eigenen Geschmack, mit Rezepturen, die man selbst erproben und phantasievoll ausgestalten kann. Ich wünsche mir, daß viele Lehrende mit diesem Buch neu lernen, daß viele Leser ihre eignen Lehrer werden.

Jochen Boberg
Leiter des Museumspädagogischen Dienstes Berlin

Im Museum kreativ

Was macht ein Kunstwerk im Museum? Es hängt an der Wand, es steht auf dem Sockel, es präsentiert sich den Besuchern. Es zeigt einen künstlerischen Eindruck und Ausdruck von Welt - als harmonisches Bild, als Provokation, als historisch-gesellschaftlicher Spiegel, als Irritation. Ein Kunstwerk spricht vor allem die Sinne an, durch die Form, die Farbe, die inhaltliche Dichte, die Symbole, Allegorien, mythischen Verweise...

Was suchen die Besucher im Museum? Sie kommen allein, in Gruppen, manchmal in Massen. Sie sind Experten oder Laien. Sie wollen sich unterhalten oder bilden oder beides zusammen. Sie suchen Zerstreuung, Erkenntnis, Genuß, Überraschung, ein (kulturelles) Erlebnis. Sie machen Kunst-und-Kultur-Shopping, sie bleiben gezielt vor einem Objekt sitzen oder stehen, sie rennen durch, sie konzentrieren sich auf Zusammenhänge. Sie folgen einer Führung, sie lesen die Hintergrundinformationen, sie beschäftigen sich mit den Katalogtexten, sie verlassen sich auf ihr eigenes Urteil. Manche gehen ins Museum, weil sie allein die besondere Atmosphäre des Ortes reizt. Manche gehen zum Museum, um dabei gewesen zu sein. Es gibt ganz viele Wege, der Kunst im Museum zu begegnen. Aber immer spiegelt sich das Kunstwerk in den Augen seiner Betrachter...

Dieses Buch will zur kreativen Auseinandersetzung mit Kunstwerken anregen. Es möchte insbesondere Möglichkeiten aufzeigen, wie sich Museumsbesucher auch jenseits der gültigen kunsthistorischen Erläuterungen und Analysen lustvoll und erkenntnisreich mit der Kunst im Museum beschäftigen können. Dafür gibt es ein großes Interesse. Die meisten der Beispiele und Anregungen dieses Buches entspringen der Werkstattreihe „Fenster zur Kunst", die der Museumspädagogische Dienst Berlin in Zusammenarbeit mit dem Institut für Kreatives Schreiben Berlin unter Anleitung der Autoren veranstaltet hat. An den bisher vier Werkstattseminaren haben ca. 100 Personen teilgenommen. Unsere Absicht war und ist es, mit interessierten Laien neue Wege zur Kunst zu erproben. Statt analytischen kunsthistorischen Betrachtungen bieten wir lustvolle Anregungen für eine spielerische, künstlerisch-praktische und schreibende Beschäftigung mit der Kunst an. Thematisch ging es bei den bisherigen Werkstätten vor allem um die Moderne, insbesondere um Expressionismus, Dadaismus und Neue Sachlichkeit, ihre vielfältigen Bezüge zum gesellschaftlichen und städtischen Umfeld. Zugleich wollten wir herausfinden, welche Möglichkeiten das Kunstmuseum fachlich nicht geschulten Museumsbesuchern bietet, Kunst zu erleben und gewonnene Erkenntnisse oder kreative Vorschläge im Museum selbst zu artikulieren.

Einige künstlerisch-praktische Ideen haben wir der Seminarreihe „Kunst - Museum - Lebenserfahrung" entnommen. In diesen für ältere Erwachsene angebotenen Seminaren haben Dozenten und Studenten von der Kulturpädagogischen Arbeitsstelle der Hochschule der Künste Berlin sowie Mitarbeiter des Museumspädagogischen Dienstes Berlin bildnerisch-kreative Methoden der Kunstrezeption entwickelt. „Kartenspiel", „Phantasiereisen", „Dia-Scribble" und einige im Kapitel „Reise in die Stadt" vorgestellten Ansätze wurden hier erprobt.

Bezeichnend für diese Arbeitsweise ist, daß die theoretische und praktische Auseinandersetzung mit einem Thema ineinandergreift. Jutta Kunde, Dozentin der Kulturpädagogischen Arbeitsstelle, schreibt dazu: „Kommunikation findet nicht nur verbal statt, sondern ebenso über die bildnerische Arbeit. Dieser Ansatz verstärkt die Möglichkeit, Rationalität und Emotionalität zu verknüpfen, der Parzellierung der Sinneswahrnehmung entgegenzuwirken und fördert gerade im Hinblick auf das Kunstverständnis die Empfindungen für bildnerisches Denken. Im Gruppenprozeß ist die Einbeziehung nichtverbaler Äußerungen Distanz abbauend. Man wird neugieriger auf den anderen, als wenn man ihn nur reden hört. Die Erfahrung hat gezeigt, daß die problemorientierte bildnerische Arbeit, die durch wiederholte Erzählungen festgefügte Muster und Interpretationsschemata in Schwingungen versetzt, das Denken in ungewohnte Bahnen lenkt." (Aus: Michael Drechsler/Jutta Kunde, Förderungsantrag des MD und der KAW/HdK für das Projekt „Kunst - Museum - Lebenserfahrung", Berlin 1988).

„Fenster zur Kunst", das sind Konzeptionen für lebendige Museumsbesuche, bei denen vier Elemente eine entscheidende Rolle spielen: der **persönlich** motivierte Zugang zur Kunst im Museum, die **Kunst** als Inspirationsquelle und Ideengeberin, die **Kommunikation** über die Kunst in der Gruppe, das **Museum** als Forum und Kristallisationsort für aktive Besucher.

Der Aspekt der **subjektorientierten Begegnung** mit der Kunst ist ein Leitmotiv für die experimentellen Vermittlungsformen, die vorgestellt werden. Das je eigene Verständnis und Verstehen der Besucher wird als Rezeptionsfaktor ernst- und wahrgenommen. Natürlich spielen Kunstgeschichte und Methoden der Kunstanalyse eine Rolle. Über die Erkenntnis hinaus, die das Kunstwerk vermittelt, soll hier aber die Lust am spielerisch-kreativen

Umgang mit Kunst geweckt werden. Die Tagesgefühle, die Stimmung, die Erwartungshaltung, die Lebensweisheiten, die Ungereimtheiten, die Alltagswünsche, dies alles wird in das Museum mitgebracht, ist da - und gehört zum „Material“ der Wahrnehmung. Welche Interessen haben die Besucher, was motiviert sie zur Auseinandersetzung, was reizt sie, was verstehen sie nicht, was sehen sie, was wagen sie kaum mitzuteilen?

Fenster-zur-Kunst-Aktion. Grüner Mann vor dem Gemälde „Gobi - Großes Mühlrad“ von Alexander Camaro in der Berlinischen Galerie

Die Betrachterinnen und Betrachter werden so nicht zu passiven Empfängern kunsthistorischer Erkenntnisse. Sie sind Akteure einer offenen kommunikativen Form der Kunstrezeption. Die Besucherinnen und Besucher bleiben nicht nur kleine Mäuschen, die voller Staunen im Musentempel von der Aura der Kunst gefangen werden.

Durch die aktive Beschäftigung mit den Kunstwerken, das Involvieren der eigenen Lebenssituation, entsteht eine „alltäglich-ästhetische" Kunst-Rezeption. Diesen Aspekt der Begegnung mit Kunstwerken im Museum betonte insbesondere der Gründungsdirektor der Berlinischen Galerie, Eberhard Roters. Sein Credo der Verbindung von Kunst und Leben könnte auch Leitfaden unserer Vorgehensweise sein: jedes Bild im Moment seiner Wahrnehmung zu revitalisieren, zum augenblicklichen Geschehnis in der Innenwelt des Betrachters werden zu lassen. Hierzu lassen wir uns vom **Kunstwerk als Inspirationsquelle** anregen. Der Weg zur Kunst führt durch die schöpferischen Ideen, die die Kunst selber anbietet. Dies gilt gleichermaßen für die Teamer bei der Vorbereitung von Projektangeboten wie auch für die Teilnehmer von Kunstseminaren und -werkstätten. Der Weg zu Dada zum Beispiel führt über die Anwendung dadaistischer Sprach-, Denk- und Handlungsspiele, über dadaistisch inspirierte Collagen, Montagen, Lautmalereien und phantasievolle, aktuelle Weiterentwicklungen (siehe Kapitel „Der deutsche Spiesser ärgert sich"). Die Teamer sind in diesem Fall Sprachrohr der Kunst, die Kunst selbst ist Ideengeberin für kreative Impulse, die nicht nur in der Seminarsituation, sondern auch im sonstigen Alltagsleben, z. B. am Arbeitsplatz zur Geltung kommen können. Museumsbesucher erhalten somit Mut und Lust zum eigenen Zugang zur Kunst. In der von der Kunst selbst angeregten Auseinandersetzung ändert sich auch die Rezeptionssituation im

Museum. Das Museum ist nun nicht mehr eine „heilige Halle", die den Besucher zum Schweigen bringt, sondern „Erfahrungslabor und Experimentierwerkstatt" (Weschenfelder / Zacharias). Das, was die Kunst vielleicht auslösen kann, jenseits der Bestätigung eines opportunen Bildungserlebnisses, das „etwas andere", oder auch „das ganz andere", das Projekt „Fenster zur Kunst" motiviert dazu, dieses „Andere" mit subjektiven Mitteln aufzufangen, mitzuteilen; in Form von Schreibspielen, Schreibmethoden, Schreibszenarien, eigener ästhetischer Gestaltung, Gesprächen, Brainstorming, Aktionen, produkt- und öffentlichkcitsorientierten Aktivitäten. So kann etwa eine Gruppe kunstinteressierter Laien mit unterschiedlichem Bildungs- und Erfahrungswissen durch die schöpferische Vermittlung des individuellen Kunsterlebnisses

Weg zur Kunst, Martin Kronberg

zu einer Erweiterung der Kunstinterpretation kommen: „Habe Mut, dich deiner eigenen Sinne zu bedienen!" Das Buch wendet sich deshalb vor allem an Menschen, die Lust haben, Kunst im Museum anders zu erleben oder an jene, die selber ähnliche Projekte initiieren möchten, wie etwa Kulturschaffende, Lehrer, Sozialpädagogen.

Insbesondere plädiert dieses Buch für **kommunikative Rezeptionssituationen**, also für experimentelle, eigenaktive Gruppen, die auf die Langsamkeit der Wahrnehmung setzen. Unsere Erfahrung ist es, daß durch die Kommunikation die gegenseitige Inspiration, die Wachheit der Sinne und der praktisch-phantasievolle Umgang mit den Exponaten gefördert wird. Beim Verwiesensein auf sich selbst neigt der Betrachter häufig dazu, an Kunstwerken vorbeizugehen, die nicht seinen Vorerfahrungen und Interessen entsprechen. Dies bedeutet, daß spannende Angebote der Kunst ausgeschlagen werden. In einer Gruppensituation dagegen lernen Besucher andere, auch gegensätzliche Auffassungen kennen und schätzen. Sie erhalten Gelegenheit, ihre eigenen Eindrücke mitzuteilen und ihren Horizont durch Begegnung mit neuen Gedanken zu vergrößern.

Unser Konzept greift somit auch den Gedanken des **Besucherforums im Museum** auf; es liefert dafür Argumente, Anreize und Hinweise. Aktiv handelnde Museumsbesucher hinterlassen ihre Spuren. Ein Werkstattseminar „Wegzeichen" etwa, das die Ergebnisse der Gruppenarbeit durch „alternative" Installationen und Führungsangebote auch anderen Besuchern vermittelt, kann durchaus die Präsentationsformen und Erläuterungen der Museumsmacher aus einem anderen Blickwinkel ergänzen (siehe Kapitel „Wegzeichen"). Es wird sie selbstverständlich nie ersetzen, aber kann sie, um es so pathetisch zu sagen, demokratisch erweitern. Vor allem kann es bewirken, daß bei der Präsentation der Kunst die Erfahrungswerte des Publikums besser berücksichtigt werden. Ohnehin sind die Museumsmacher, Kustoden, Mitarbeiter nicht die Inhaber der Museumsschätze, sondern deren Treuhänder. Modelle der Mitwirkung von Museumsinteressierten gibt es längst. Durch Fördervereine und Kunstvereine, z. B. bei der Neuen Nationalgalerie in Berlin, passiert genau dies. Die Geschicke solcher Häuser werden teilweise intensiv durch Förderer, vielfach auch Spender von Kunstwerken, beeinflußt. Es werden Vorschläge für Ausstellungsprojekte gemacht, für Ankäufe usw. (etwa im Museum Ludwig in Köln). Dagegen geschieht es nur vereinzelt in heimat- und stadtgeschichtlichen Museen wie beispielsweise in Berlin-Schöneberg (Haus am Kleistpark) oder Berlin-Neukölln (Heimatmuseum Neukölln), daß Besucher stärker in das Museumsgeschehen einbezogen werden. Warum sollten sich nicht auch fachspezifisch orientierte Museen, wie etwa Kunstmuseen, stärker für Besucherinteressen und -wahrnehmungsweisen öffnen, bis hin zur punktuellen Teilnahme an der Kulturarbeit des Museums?

Die Seminarreihe „Fenster zur Kunst“ sucht nach Gestaltungsmöglichkeiten, die eigenen Erfahrungen als museumspädagogische Anregungen für andere Museumsbesucher weiterzugeben. Die experimentellen, intrinsisch motivierten Zugänge zur Kunst im Museum wurden auf Formen der Vermittlung hin untersucht, durchgespielt, erfahren und reflektiert. Bei diesen Anregungen handelt es sich um Zugänge zum Museum außerhalb des Mainstreams der Kunstvermittlung. Es geht um animative Angebote, die die Besucher zur subjektiven Wahrnehmung inspirieren wollen. Solche Anregungen, Impulse, Führungsblätter usw. wurden im Seminar „Fenster zur Kunst“

simulierend und echt zugleich von den Teilnehmern erprobt. Was funktioniert, was kann besser gemacht werden? Was geht nicht?

Die Kapitel des Buches enthalten durchgängig praktische Anregungen zur Kunstrezeption, konkrete Anleitungen, Sachworterklärungen sowie theoretische und praktische Überlegungen zur Seminararbeit. Fiktiv-anschauliche Texte (*Ich-Erzähler*) aus dem Workshopalltag sind in die Unterkapitel montiert, um den Leserinnen und Lesern den Einstieg in die unterschiedlichen Thematiken zu erleichtern.

Im Kapitel „**Aller Anfang ist leicht**" gibt ein Methodenarsenal Einblick und Anleitung zu Schreib- und Sprachspielen sowie künstlerisch-praktischen Methoden, die einen lustvollen Kunst- und Museumsbesuch in die Wege leiten. Gruppendynamische Prozesse werden gefördert.

„**Wege zur Kunst**" bieten kleine Curricula, Vorschläge der Annäherung an bildende Kunst - von der Sensibilisierung der eigenen Person für künstlerisches Tun bis hin zu konkreter Kunstbetrachtung.

„**Kunst mit den Zähnen beißen**" stellt Museumsprojekte aus der Reihe Fenster zur Kunst vor, die einen vertieften thematischen Zugang zur Kunst gestatten. Dieses Kapitel ist eine Montage aus fiktivem Einstieg und theoretischen Überlegungen zu Pädagogik, Vermittlung, Entwicklung von Rezeptionsformen und speziellen Themen. Konkrete Anleitungen sowie weitere methodische Ansätze und Übertragungsmöglichkeiten auf andere Sachkreise regen an und lassen den Informationsgehalt über das rein Dokumentarische hinauswachsen.

Kreatives Schreiben im Museum

Ein Museumsbesucher sinniert

Damals ging ich ins Museum und suchte das Schöne. Ich schloß mich einer Führung an. Ich hörte die Erklärungen. Ja, das war interessant, das leuchtete mir ein, „die Dreiteilung des Bildes verweist auf die christliche Dreieinigkeit". Diese Erläuterung galt dem Bild „Der Jungbrunnen" von Lukas Cranach d. Ä. Das war sehr aufschlußreich. Wäre ich nie drauf gekommen. Aber, ich gestand es mir schließlich ein, das Bild gefiel mir überhaupt nicht. So puppig. Was sollte das also? Ich suchte zwar das Schöne, aber ich suchte natürlich das Schöne für mich. Und erst dann vielleicht die religionsgeschichtliche, kunsthistorische, gesellschaftliche Erklärung. Ich wandte mich von der Führung ab. Ich rannte die Museumswände entlang. Mein gefräßiger Blick jagte über die Bilder. Immer auf der Suche nach dem ästhetischen Kick. Da, da, Angelika Kauffmann, dieses Rosa, dieses zarte Gesicht. Das gefiel mir. Aber was gefiel mir eigentlich? Nur die rosa Farbgebung, das anmutige Gesicht, der Atem des 18. Jahrhunderts? Ich spürte ein Vibrieren in meinem Brustbereich, als wär's ein Bild von mir, die Härchen auf meinem Handrücken waren elektrisiert, ich roch die Wangen der porträtierten Schönen, den süßlichen Duft im Museumsraum, ich fing an mit der Zunge zu schnalzen und hörte das leise Summen des Klimagerätes. Alles zugleich. Mir war klar, dies gehörte zusammen, gehörte dazu. Das, was mir gefiel, die ansprechende Farbgebung, das anmutige Gesicht, das war nicht bloß die Schönheit im Auge des Betrachters, das ging auf alle Sinne. Draußen setzte ich mich gleich hin und notierte mein Erlebnis.

Rosa
der Durst
in ihrem Herzen
ein so ungeheueres Versprechen
Kunststück

Seitdem gehe ich nie mehr ohne Papier und Schreibgerät in ein Museum.

Das kreative Schreiben ist ein modernes Medium, das durch den produktiven, subjektiven Umgang mit Sprache vor allem drei Dimensionen unseres Denkens, Empfindens und Handelns erweitert:
Es operiert im Spannungsverhältnis von Norm und Abweichung und motiviert das Durchbrechen vorgeprägter, geregelter, stereotyper Realitätsmuster.

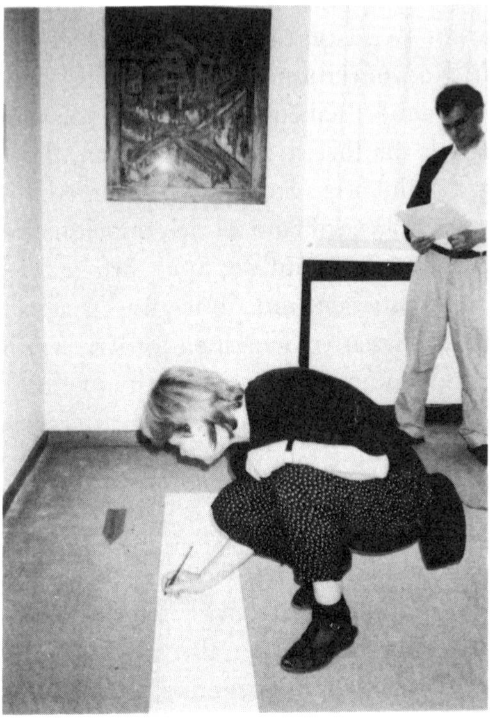

Besucher des Berlin Museums schreiben einen Satzsteg, der die beiden Bilder „Nollendorfplatz", 1912, von Ernst Ludwig Kirchner und „Blick auf den Nollendorfplatz", 1914, von Max Beckmann miteinander verbindet

Es dient der vertieften Selbstwahrnehmung durch einen bewußteren Umgang mit den eigenen Erfahrungen, Gefühlen, Wünschen, Träumen.
Es fördert das Fremdverstehen durch die spielerische Erkundung anderer Perspektiven und Lebenssituationen, durch das Hineinversetzen in erdachte Figuren, fiktive Welten, utopische Zustände.
(vgl. Kaspar H. Spinner, Tendenzen der neuen Schreibbewegung, in: Dokumentation einer Tagung über die Arbeit von Schreibwerkstätten, Aachen 1988)

Das kreative Schreiben hat inzwischen eine Menge spielerischer Methoden und Techniken im Angebot (Lutz von Werder, Lehrbuch des kreativen Schreibens, Berlin/Milow 1993[2]), die geeignet sind, persönliche Zugänge zur Kunst im Museum zu unterstützen. Dafür sprechen viele Aspekte. Kreatives Schreiben ist ein Ausdrucksmittel der inneren Stimme. Es stiert nicht auf literarische Qualität. Allein die Konzentration auf die Schrift, die relative Langsamkeit des Schreibens, bringt die Sinne anders zum Schwingen als die forteilenden Gedanken, das schnelle Sprechen, das flüchtige Sehen. „Eine Schreibe ist keine Rede." Die schreibende Hand ist den individuellen Wahrnehmungen sehr dicht auf der Spur, bringt die eigenen Bedürfnisse, Vorlieben und Abneigungen genauer zum Vorschein. Das kreative Schreiben fördert, was in dieser Gesellschaft der quicken Geschäftigkeit fast ein Relikt geworden ist: die Muße. So hat der kreativ schreibende Museumsbesucher die schöne Möglichkeit, dem „Anderen der Kunst", dem „ästhetischen Mehrwert", mit seinen eigenen Mitteln, seinem eigenen Erfahrungsschatz persönlich näherzukommen. Die vielfältigen Schreibimpulse aus dem Reservoir des kreativen Schreibens, die in diesem Buch gezeigt werden, dienen also einer neuen, unverbrauchten, eigenaktiven Begegnung mit der Kunst. Mit dem kreativen Schreiben als „flankierender Maßnahme" können neue Wege im Museum beschritten werden, die Möglichkeiten bieten, Kompetenzen für das Verständnis der Kunst lustvoll zu vermitteln, um damit Einsichten, Erkenntnisse und Genuß tiefer im Subjekt zu verankern.

Das kreative Schreiben ist zudem ein Mittel, das sich für den gemeinsamen Zugang zur Kunst eignet. Das Schreiben und Vorlesen von Texten in Gruppen, insbesondere auch im Museum, direkt vor den Kunstwerken, fördert eine besondere Form unmittelbarer, direkter Kommunikation, eben die durch schriftlich fixierte Gedanken vermittelte. Zwischen den bloß verbalen Austausch schiebt sich als Medium der Text. Schwarz auf weiß nehmen wir die ganz anderen Gedanken, Genüsse und Wahrnehmungen auf. Dies fördert automatisch die Empathie und das Nachdenken über fremde Sichtweisen. Die individuellen Blicke mischen sich so durch das kreative Schreiben zu einem Gesamtbild eines neuartigen Museumsbesuchs.

Gestalterische Kommunikation mit Kunstwerken

Eine Chance der Annäherung an Kunstwerke jenseits der Sprache besteht darin, sich die künstlerischen Arbeitsweisen selbst nutzbar zu machen, sozusagen gestaltend zu begreifen. Unsere bildnerischen Arbeiten dienen also als Vehikel zum Verständnis der Kunst.

Schrittweise pirschen wir uns an die Kunstwerke heran und bedienen uns dabei unserer eigenen Lebenserfahrung, unserem subjektiven Formenschatz. Ebenso wie beim kreativen Schreiben übernehmen Kunstrezipienten

Wilde Malaktion

damit eine aktive Rolle im Dialog mit Kunstwerken; sie treten aus der Passivität des Zuschauens heraus in eine andere Qualität des Umgangs mit Kunst: Durch die künstlerisch-praktische Kommunikation mit einem Kunstwerk wird aus einer ehrfürchtigen Attitüde der Kunst gegenüber eine selbstbewußte Beteiligung am Prozeß von Wahrnehmen, Erkennen und Rückkoppeln an die eigenen Erfahrungen.

Die Betrachter sind „dichter dran“. Künstlerische Methoden, wie z. B. das Skizzieren, Montieren, Zerlegen und neu Zusammensetzen können auf der Ebene von Handeln und Erfahren einen direkten Austausch mit einzelnen Kunstwerken initiieren: Über die Techniken der Kunstwerke, also die Sprache der Kunst, lernen wir sie intensiv kennen. Bei dem Versuch, künstlerischen Inhalten gestalterisch auf die Spur zu kommen, werden automatisch die eigenen Quellen der Phantasie und die Lust am Erfinden von Zeichen und Formen mobilisiert. Man schöpft aus einer nicht rationalen Welt, um sich dem Phänomen Kunst zu nähern.

Meistens ruft schon der sinnliche Reiz des verwendeten Materials überraschende Gestaltungsideen hervor: Die Spur eines Pinsels auf dem Malgrund evoziert das Setzen weiterer Spuren, das Stakkato einer niedersausenden, Punkte hämmernden Pastellkreide auf Papier bringt Rhythmus und damit Struktur ins Spiel. Das Bild, die Skizze, das Modell entwickelt sich oft spontan. Eine solche synästhetische Erfahrung erwirkt einen weitaus persönlicheren Zugang zur Kunst als eine rein intellektuelle Auseinandersetzung.

Aller Anfang ist leicht

Gewöhnlich heißt es, „Aller Anfang ist schwer“. Wir machen den Anfang leicht. Jeder Mann, jede Frau, jedes Kind wird im „Fenster zur Kunst“ da abgeholt, wo er, sie, es steht. Der erste Zugang zur Kunst gelingt spielerisch. Er ist einfach und klar. Das Nachdenken oder die Irritation kommen früh genug. In den Schreib-, Sprach- und Malaktivitäten kommt jeder dran, jeder findet seinen Ausdruck. Wichtig ist, daß sich alle Teilnehmer einer Werkstatt frei äußern dürfen. Es gibt zwar Spielregeln, aber keine Verbote. Schicht- und Sprachbarrieren werden nicht errichtet. Ob jemand noch nie im Museum war, ob jemand Kunstgeschichte studiert hat, ob jemand tagsüber hinter dem Verkaufstisch steht oder in der Fabrik arbeitet, ist nicht gleichgültig, doch für den Genuß an der Kunst ist es eher zweitrangig. Alle können sich der Kunst öffnen, und wir als Anregende geben dafür ein paar Werkzeuge in die Hand. Die vorgestellten Spiele machen es leicht, sich zur Kunst oder zum Museum zu äußern. Und sie fördern die Kommunikation in der Gruppe, was gerade am Anfang eines Seminars oder einer Werkstatt zur Kunst sehr viel bedeutet. Niemand bleibt schweigend am Rand, alle machen aktiv mit.

Schreib- und Sprachspiele zum Kennenlernen

Schreibspiel „Museum"

... Was heißt Museum? Die Museen! Wieviele Museen habe ich denn schon von außen und innen gesehen? Da kommt eine ganze Menge zusammen, wenn ich mir das genau überlege. Der Louvre in Paris, wie selbstverständlich, die Katakomben (sind die ein Museum?). In Madrid auf der Durchfahrt den Prado mitgenommen, in Frankfurt das Deutsche Filmmuseum, drei Tage intensiv, in München die Alte Pinakothek und vielleicht immer so weiter. Unser Schulmuseum, das Heimatmuseum mit dem Folterinstrument. Die Klassenfahrt in die „alte Reichshauptstadt", so sagte unser Lehrer, mit dem Pflichtprogramm Pergamon im Osten und Gemäldegalerie mit Völkerkunde im Westen. In der Gemäldegalerie in Dahlem, da hatte ich zum ersten Mal dieses Gefühl von Fremdheit und Vertrautheit zugleich, diese plötzliche Distanz zum „normalen" Trubel draußen vor der Museumstür. Das hat mich gereizt: diese Extra-Räume für die Kunst, die Stille, ja auch die Alarmdrähte, die uniformierten Wächter. Die Erläuterungen einer Studentin zur Porträtmalerei im 17. Jahrhundert plätscherten an mir vorbei, und ich genoß einfach die besondere Atmosphäre. Den Luxus fast leerer Räume, mit nichts als Bildern. Ich dachte mir, daß die Räume genau passen zu den stolzen Blicken der porträtierten Kaufleute. Wie von selbst versuchte ich auf einmal, deren Mimik nachzumachen, bis meine Mitschüler anfingen zu lachen. Bis heute gefällt mir diese extraterritoriale Aura eines Museums, dieses Herausfallen aus dem Tagesgeschäft, dieser Atem der Kunst, der mir entgegenbläst.

Aber Moment mal, was war die Aufgabe? Ich soll meine Assoziationen zum Museum, meine Phantasien, meine Ideen, Gefühle aufschreiben. Zu jedem Buchstaben von Museum ein Wort. Wie war das nochmal?

Anleitung

Schreiben Sie „Museum" senkrecht auf ein Blatt Papier und notieren Sie zu jedem Buchstaben ein Wort, Hauptwort, Zeitwort, Eigenschaftswort, was auch immer. Schreiben Sie dann einen Text mit sechs Sätzen zum Thema Museum, wobei Sie Ihre sechs notierten Wörter verwenden. Jedes Wort soll in einen Satz münden, die Reihenfolge spielt dabei keine Rolle.

M alen
U nsinn
S icht
E rinnerung
U mständlich
M usik

Diese sechs Wörter fielen mir auf der Stelle ein. Damit sollte nun der Text geschrieben werden mit sechs Sätzen.
Nun gut, ich schrieb folgenden Text.

„Was wollen Sie, malen im Museum? Dazu wollen Sie Musik hören. Das Ganze soll sich auf Erinnerung aufbauen. Also: aus meiner Sicht als Museumsdirektor - nein! Das ist mir zu umständlich. So ein Unsinn."

Dieses Schreibspiel eignet sich als Einstieg in eine kreative Werkstatt zur bildenden Kunst im Museum. Die Teilnehmerinnen und Teilnehmer rufen spielerisch ihre Einfälle zum Begriff Museum ab. Eine Zensur findet selbstverständlich nicht statt. Mit ihren Texten stellen sich die Teilnehmer auch schon „fachgerecht" vor.

Kollektiv schreiben: Reihum-Text zu „Museum“

Eine weitere Einstiegsmöglichkeit in eine kreative Werkstatt zum Thema Kunst/Museum mit dem Medium des Schreibens ist die Technik des Reihum-Textes. Dies ist ein spielerisches, assoziatives Verfahren einer gemeinsamen Textproduktion. Es geht dabei nicht um wissenschaftliche Definitionsversuche oder die Vermittlung objektiver Erkenntnisse, sondern um die persönlichen Erfahrungen, die spontanen Einfälle, die phantastischen Spekulationen. Beim Weiterschreiben der Texte durch andere Personen entfaltet sich im Schreibprozeß ein gedanklich/sinnlicher Austausch, eine gemeinsame Annäherung an ein bestimmtes Thema oder einen Bereich der Wirklichkeit, hier: Museum. Die Teilnehmer notieren zunächst einen Satz, der ihnen zum Begriff Museum einfällt. Die Texte werden weitergereicht und um jeweils einen weiteren Satz zum Museum ergänzt. Je nach Gruppengröße können die Texte einmal kreisen bzw. nach etwa zehn Sätzen vorgelesen werden, von den jeweils ersten Schreibern. Bei Gruppen über zwölf Personen empfiehlt es sich, Untergruppen zu bilden.

Anleitung

Konzentrieren Sie sich auf Ihre Erfahrungen und Erinnerungen, Ihre Ideen und kritischen Einschätzungen, Ihre Gefühle und Stimmungen, die Ihnen zum Museum einfallen. Konkrete Erinnerungen, freie Einfälle, phantastische Vorstellungen. Schreiben Sie einen Satz, gut leserlich, und warten Sie, bis alle in der Runde ihren Satz geschrieben haben. (Das Warten, bis alle geschrieben haben, verhindert den „Papierstau“, da es er-

fahrungsgemäß sehr unterschiedliche Schreibgeschwindigkeiten gibt.)
Dann gehen die Texte jeweils im Uhrzeigersinn weiter. Der zweite Schreiber, die zweite Schreiberin notiert einen Satz zum Museum darunter, wobei der Satz des Nachbarn, der Nachbarin als Impuls aufgegriffen werden kann/soll. Ergänzen Sie, widersprechen Sie, ironisieren Sie. Dann gehen die Texte wieder weiter: 3. Satz, 4. Satz usw. Am Schluß hat jeder Text soviele Sätze wie Teilnehmer.

Im Museum riecht es anders als
auf der Straße.
Oft ist so schlechte Luft, daß Besucher
reihenweise in Ohnmacht fallen.
Dann war ich vielleicht noch nie
in einem richtigen Museum!?
Und jetzt knarren auch noch die Dielen!
Wenn ich jetzt eine Gänsehaut
bekomme, hatte ich einen echt
sinnlichen Museumsbesuch.
Eigentlich komisch, daß es kein
Geruchsmuseum gibt. Doch in
Grasse – der Parfum-Verkaufsfrauen von
Molinard.
Im Museum riecht es anders als.
auf der Straße.

Die Texte werden direkt nach dem Schreiben reihum vorgelesen und geben so ein anschauliches „Bild“ des versammelten Wissens, der Gefühle, des Geistes, der Stimmungen, des Witzes...

Reihum-Text als Einstieg in Kunstepochen

Mit der Technik des Reihum-Schreibens läßt sich auch ein spielerischer, persönlicher Zugang zu bestimmten Epochen, Strömungen, Stilen der Kunstgeschichte herstellen. Wie immer gilt die Devise, sich selbst da abzuholen, wo man (frau) steht. Denn niemand ist gänzlich ohne Erfahrungen, Vorstellungen, Einschätzungen, etwa zu Dada, Expressionismus, Romantik, Graffitikunst usw. „Dada kann jeder, Romantik ist schön und der Expressionismus viel zu laut". Warum sich nicht auch zu den Klischees bekennen? Denn nur mit dem Klischee kann es durch das Klischee gehen. Und die Klischees zur Kunst, zu Kunstströmungen, sind sie nicht aufschlußreich? Wie heilig ist die Kunst? Ein „lockerer" Umgang muß ihr nicht schaden. Die Methode des Reihum-Textes in der Gruppe als Einstieg ist grundsätzlich zu allen Themen möglich, z. B. zum Expressionismus, Neue Wilde, Renaissance. Hier die Anleitung am Beispiel „Romantik".

Anleitung

Nähern Sie sich Satz für Satz durch die Methode des Reihum-Schreibens (vgl. S. 30 f.) der Romantik. Alle Ideen, Einfälle, Hinweise zu „Romantik" sind erlaubt, lassen Sie ihre Gedanken zu, bevor Sie sie bewerten. Keine Angst vor Klischees, nur mit dem Klischee geht es durch das Klischee.

Variation 1 „Satzvorgabe"

Eine Variante besteht darin, durch einen vorgegebenen Satz zum Thema den Impuls für einen Reihum-Text zu geben. Solche Sätze müßten die Teamer vorher suchen und als erste Sätze in die Runde eingeben.

Anleitung

Sie finden auf den ausgeteilten Blättern jeweils einen Satz, der die Kunstrichtung charakterisiert. Lassen Sie sich animieren, mit Ihrem persönlichen Wissens- und Erfahrungshintergrund den Text fortzuschreiben. Schreiben Sie einen zweiten Satz zum Thema, der sich auf den ersten Satz beziehen kann. Schreiben Sie ergänzend, widersprechend, kommentierend, ironisierend usw. Reichen Sie, wenn alle in der Runde jeweils ihren Satz geschrieben haben, das Blatt im Uhrzeigersinn weiter. Am Schluß hat jeder Text soviele Sätze wie Teilnehmer.
Geeignet für ca. sechs bis zehn Teilnehmer. Eventuell Untergruppen bilden.

Beispiel eines Reihum-Textes mit vorgegebenen ersten Sätzen zu Dada:

Aus den Publikationen des Berliner Dadaisten Raoul Hausmann (insbesondere den Manifesten) wurden ausschließlich Fragesätze gesammelt. („Ist dada wirklich Energie oder ist es Garnichts, das heißt alles?"; „Wozu das in einer Zeit, wo Ruhe und Ordnung notwendig ist?"; „Wie kann man alles Journalige, Aalige, alles Nette und Adrette, Vermoralisierte, Europäisierte, Enervierte abtun?"; „Kroklkwafzi?"; „Wie erlangt man die ewige Seligkeit?"; „Kurt, was tust du da?" u. a. m.). Diese wurden als erste Sätze auf DIN A 4-Blätter geschrieben. Die Teilnehmer eines Seminars zum Dadaismus schrieben satzweise reihum weiter. Sie wurden aufgefordert, ebenfalls Fragesätze zu formulieren.

Beispiel: (Erster Satz vom Dadaisten Hausmann, die weiteren Sätze reihum von den Teilnehmern)

- Ist dada wirkliche Energie, oder ist es Garnichts, d. h. alles?
- *Kann eine Maus Dadaistin sein?*
- *Was hat DaDa mit Absurdem Theater gemein?*
- *Warum gibt es überhaupt eine Henne und nicht vielmehr nur ein Ei?*
- *Ist Dada nicht purer Blödsinn oder doch Tiefsinn?*
- *Sind wir nicht alle dada?*

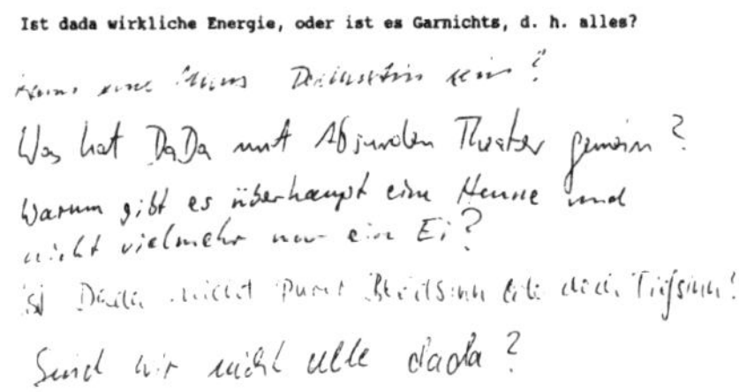
Ist dada wirkliche Energie, oder ist es Garnichts, d. h. alles?
Kann eine Maus Dadaistin sein?
Was hat DaDa mit Absurden Theater gemein?
Warum gibt es überhaupt eine Henne und
nicht vielmehr nur ein Ei?
Ist Dada nicht purer Blödsinn oder doch Tiefsinn!
Sind wir nicht alle dada?

Schließlich wurde das Reihum-Spiel dadurch abgeschlossen, daß die Blätter mit den Fragen eingesammelt und neu verteilt wurden. Die Teilnehmer sollten nun (individuell) mit einem Text die reihum formulierten Fragen klären.

Antworttext:
Lob des Dada

Dada ist Tiefsinn im Garnichts. Dada ist purer Blödsinn mit wirklicher Energie. Dada paart die Henne mit der Maus. Aus dem Ei des Absurden Theaters schlüpft die neugeborene Dadaistin und kräht: Kinder, seid ihr alle DaDa?

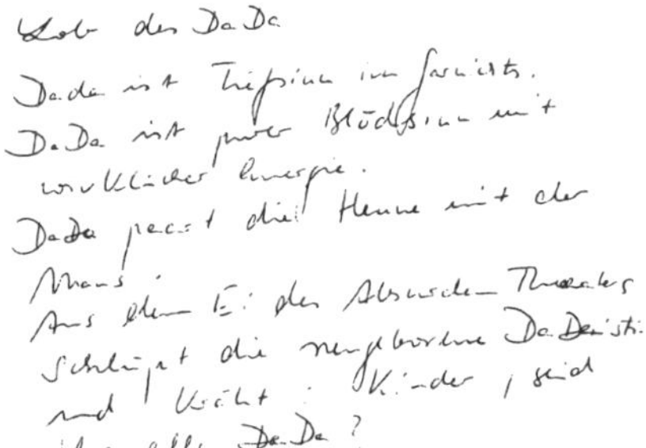
Lob des DaDa
Dada ist Tiefsinn im Garnichts.
DaDa ist purer Blödsinn mit
wirklicher Energie.
Dada paart die Henne mit der
Maus.
Aus dem Ei des Absurden Theaters
schlüpft die neugeborene DaDaisti
und kräht: Kinder, seid
ihr alle DaDa?

Variation 2

Reihum-Text nach thematischer Einführung
Eine Kunstepoche, die den Teilnehmern weniger vertraut ist, wird über ein Gedicht, einen Diavortrag oder einen Kurzfilm vorgestellt. Nach diesem Einstieg formuliert jeder Teilnehmer einen Satz zum Thema. Reihum geht es nun weiter wie oben beschrieben.

Variation 3

Eine Reihum-Schreib-Annäherung könnte auch unter dem Motto stehen, sich mit unverschämten Statements zum Thema einzubringen.

Satzsteg

In einem Raum des Berlin Museums, heute Teil des Stadtmuseums Berlin, befinden sich die Stadtansichten „Blick auf den Nollendorfplatz", 1914, von Max Beckmann und „Nollendorfplatz", 1912, von Ernst Ludwig Kirchner. Wir verbinden die einander im Abstand von 14 Metern gegenüberhängenden Bilder durch einen ebensolangen Kartonstreifen, den wir auf dem Fußboden auslegen. Der Satzsteg beginnt an einem der Enden mit einem Satz, der die Beziehung zwischen diesen Gemälden charakterisiert. Die Besucher werden angeregt, sich über die Beziehung der beiden Kunstwerke Gedanken zu machen und die begonnene Beschreibung fortzusetzen. Die Fortsetzung darf jedoch nicht willkürlich geschehen, sondern es ist eine Grundregel zu beachten: Im neuen Satz muß das letzte Wort des vorhergehenden Satzes am Anfang stehen. Ein Beispiel: „Der Nollendorfplatz von Beckmann ist längst nicht so belebt wie der Nollendorfplatz von Kirchner ... Kirchner malt in grellen Farben, bei

Beckmann überwiegt die Farbe Braun... Braun und kahl ist der Herbst, gelb und frisch der brausende Verkehr..." Die Satzreihe wird solange fortgeführt, bis man am anderen Ende des Kartonstreifens angelangt ist. Dann beginnt eine neue Satzreihe, die sich durchaus an die alte anschließen kann.

Textlawine mit Computer

Neben einem Kunstwerk steht ein Computer mit Monitor und Drucker. Auf dem Monitor ist ein Text zu sehen, der sich mit dem Kunstwerk beschäftigt. Die Besucher werden angeregt, zum Kunstwerk und dem Text auf dem Monitor einen eigenen kommentierenden Ergänzungstext zu schreiben. Art und Länge des Textes sind freigestellt. Es kann ein Gedicht sein, ein Einzeiler, ein kritischer Kommentar usw. Der selbstgeschriebene Text und der vorhergehende Text werden mit einer Abbildung des Kunstwerks ausgedruckt und können mitgenommen werden. Im Monitor erscheint nach dem Druckvorgang der neue, von einem Besucher geschriebene Text. Das Museum behält die Diskette und produziert aus den Beiträgen einen Besucherkatalog.

Schreibmethode „Clustering"

Die wohl verbreitetste Methode im Bereich des freien, assoziativen, kreativen Schreibens ist das Clustering, auch: Cluster-Verfahren oder Clustern genannt (Cluster = Büschel, Traube, Gruppe, Haufen, Anhäufung; to cluster bedeutet entsprechend anhäufen, zusammenballen, zu Büscheln anordnen). Mit diesem Cluster-Verfahren lassen sich auch persönlich motivierte Annäherungen an die Kunst anschaulich schriftlich fixieren. Beim Cluster-Verfahren wird das Thema zunächst zu einem Wort zusammengefaßt und als sogenanntes Kernwort in der Mitte eines Blattes Papier notiert und mit einem Kreis umzogen. Die freien Assoziationen, die sich aus der entspannten Konzentration auf dieses Kernwort entwickeln (jeder Einfall ist gültig) werden als Assoziationsketten oder als Einzelassoziationen notiert und wie das Kernwort mit Kreisen (Wolken) versehen (s. Graphik). Die einzelnen Assoziationen, die sich aus- und aufeinander entwickeln, werden durch Pfeile verbunden. Die Gedanken, Bilder, Assoziationen sollen ohne innere Zensur notiert werden. Die Devise lautet, einen Gedanken erst einmal zuzulassen, bevor er bewertet wird. Durch seinen ungewohnten visuellen und spielerischen Charakter aktiviert das Cluster-Verfahren auch ungewöhnliche individuelle Intuitio-

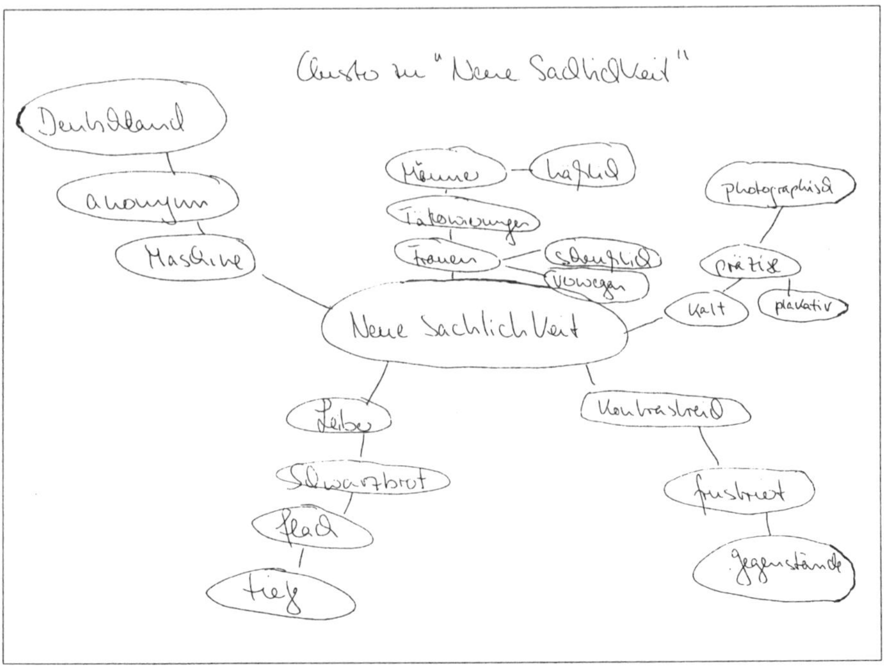

Cluster zur Neuen Sachlichkeit

nen und Ideen in der Annäherung und Auseinandersetzung mit dem gewählten Thema. Das Cluster-Verfahren wurde von Gabriele L. Rico publik gemacht. Es basiert auf den Theorien der „gehirnhemisphärischen Spezialisierung". Es versucht, die Fähigkeiten der linken Gehirnhälfte (logisches, rationales, lineares, kausal verknüpftes Denken) mit den oft vernachlässigten Fähigkeiten der rechten Gehirnhälfte (bildhaftes, ganzheitliches, analoges, „wildes" Denken) zu einem Ganzen zusammenzuführen. Das Clustern ist ein nicht-lineares schriftliches Brainstorming-Verfahren, das den latenten Ideenpool aktiviert und vernetzende Denkprozesse in Gang bringt.

Unser Beispiel zeigt die Möglichkeit der Annäherung an die Kunstrichtung Neue Sachlichkeit. Mit dem Assoziationsmaterial der einzelnen Wolken läßt sich schließlich ein Text formulieren, mit dem die Teilnehmer ihren jeweils eigenen Bezug zur Neuen Sachlichkeit in die Seminargruppe einbringen.

Anleitung
(eine kurze Erklärung des theoretischen Hintergrundes des Cluster-Verfahrens sollte vorausgehen):

Schreiben Sie in die Mitte eines DIN A 4-Blattes Papier den Begriff „Neue Sachlichkeit". Machen Sie darum einen Kreis, eine Wolke und notieren Sie um dieses sogenannte Kernwort ihre Ideen, Einfälle, Bilder, Gedankenmuster usw. zur Neuen Sachlichkeit. Lassen Sie Gedanken zu, bevor Sie sie bewerten. Notieren Sie auch scheinbar nebensächliche Ideen. Nur was auf dem Papier steht, kann auch wieder gestrichen werden. Das Cluster gehört Ihnen, es ist Ihr Ideenpool. Versuchen Sie alles „abzugrasen", was Ihnen einfällt. Clustern Sie etwa 10 Minuten und versuchen Sie dann, einen Text (nach freier Wahl) zur „Neuen Sachlichkeit“ zu formulieren. Bedienen Sie sich bei Ihren Wolken. Schreibzeit insgesamt: 20 - 25 Minuten.

Erste Zugänge zu Kunst und Museum

Sich vorstellen durch drei Museen

Mit diesem Spiel stellen sich die Teilnehmer erst einmal über Museen vor, die ihnen spontan einfallen, aus welchem Grund auch immer. Wer sich für Kunst im Museum interessiert und ein Seminar besucht, das persönliche Zugänge erproben will, der oder die hat bestimmt schon dreimal ein Museum von innen gesehen. Davon gehen wir aus. Wenn alle Stricke reißen, dann reichen auch zwei Museen. Was sind das für Museen, wo, wann, wie wurden sie kennengelernt, welche Erinnerungen haben die Teilnehmer daran.

Anleitung

Wir wollen uns über Museen kennenlernen. Nennen Sie drei Museen, die Sie kennen, die Sie besucht haben oder die einen besonderen Eindruck hinterlassen haben. Wegen der besonderen Architektur, wegen der besonderen Kunstschätze, wegen einzelner Kunstwerke, wegen besonderer persönlicher Erlebnisse, wegen besonderer Ereignisse usw. Nennen Sie die drei Museen und erzählen Sie der Runde, welche Rolle diese Museen für Sie spielen, gespielt haben.

Variation schriftlich

Die Teilnehmerinnen und Teilnehmer sprechen nicht über ihre Erinnerungen, sie notieren sich drei Museen und schreiben zu jedem Museum einen Satz. Einen Satz, der ihre Wahl erläutert. Die Texte werden kommentarlos vorgelesen.

Gestik/Mimik zu einem Kunstwerk

Haben Sie schon mal versucht, wie Mona Lisa zu lächeln? Versuchen Sie es, vielleicht gelingt es Ihnen so, daß andere sagen, „Du lächelst ja wie Mona Lisa". Das schadet weder Ihnen, noch kann es Mona Lisa schaden. Und in einer museumsinteressierten Seminargruppe haben alle ihren Spaß, die einen, weil sie lächeln können wie Mona Lisa, die anderen, weil sie das Lächeln der Mona Lisa identifizieren können. Natürlich ist Mona Lisa ein scheinbar leichtes Beispiel für eine Einstiegsübung in eine Seminargruppe, in der sich die Teilnehmer über Mimik/Gestik eines Motivs, einer Figur, eines Bildes aus der Kunstgeschichte vorstellen. Leicht vorstellbar ist es auch, dem Publikum den Rücken zu kehren und ruhig aus dem Fenster zu schauen, bis jemand ruft „Die Frau am Fenster" von Caspar David Friedrich. Es mag dagegen im ersten Moment durchaus schwieriger erscheinen, die „Haltung" der ebenso prominenten, zerfließenden, hängenden Uhren von Dali zu imitieren. Aber wer weiß das schon. Es kommt auf den Versuch an. Die Phantasie des Augenblicks ist für viele Überraschungen gut. Und dabei ist nichts zu verlieren.

Gestik und Mimik zu den Kunstwerken

Der Rufer

Der arme Poet

Anleitung

Suchen Sie ein bekanntes Motiv, eine Figur, ein Bild, einen Bildausschnitt aus der Kunstgeschichte. Versuchen Sie, dieses Motiv mit Ihren Mitteln mimisch/gestisch darzustellen. Mal sehen, wer von den anderen Teilnehmern ihre Kunst erkennt.

Das „Elfchen“ als Duftmarke im Museum

Auf den dritten Abend war ich besonders gespannt. Wir trafen uns im Foyer im Martin-Gropius-Bau, diesem imposanten Gebäude aus der Gründerzeit direkt am ehemaligen Mauerstreifen. Ich entsann mich, daß es noch um 1975 herum Bestrebungen gab, das Gebäude abzureißen. Das ehemalige Kunstgewerbemuseum war damals eine ziemliche Ruine und paßte nicht in das Konzept der autogerechten Stadt. Heute, nach dem Wiederaufbau, ist es eines der Schmuckstücke im vereinten Berlin, in direkter Nachbarschaft zum neuen Berliner Abgeordnetenhaus (Preußischer Landtag).

Unser erster Museumsbesuch galt also der Berlinischen Galerie, die als Museum für Moderne Kunst, Photographie und Architektur im ersten Obergeschoß des Martin-Gropius-Baus ihre Sammlung präsentiert. Bevor wir uns allerdings mit den Kunstwerken direkt auseinandersetzten, bestand das Ziel darin, sich mit dem besonderen Ort „Museum“ vertraut zu machen.

Wir wollten ohne Hast den ersten Schritt (Ankommen im Museum, durchatmen und feststellen „Ich bin es, der hier ist“) vor dem zweiten Schritt tun, der Begegnung mit der Kunst. Wir versuchten gezielt, unsere aus dem Alltag mitge-

brachten Stimmungen und Gefühle mit der besonderen Atmosphäre der Galerieräume zu verbinden. Es sollte also darum gehen, den Ort der Muse und Muße erst einmal konzentriert auf sich wirken zu lassen, den Duft der Farben, die Stille, den knarrenden Holzboden, den Geruch, das Licht, zum Beispiel. Auch das Summen in uns selber. Als Medium, einen solchen persönlichen Zugang zu finden, diente uns ein Schreibspiel, das „Elfchen".

Wir bekamen folgende Aufgabe:

Anleitung

Schlendern Sie möglichst entspannt durch die Ausstellungsräume. Gehen Sie also ruhig, mit frei-flottierender Aufmerksamkeit, mit einer absichtlichen Unaufmerksamkeit durch die Ausstellung und bleiben an dem Ihnen angenehmsten Ort schließlich stehen, an der zu Ihrer momentanen Gefühlsstimmung passenden Stelle. Welcher Farbeindruck drängt sich Ihnen dort auf, welche Farbe entspricht genau dieser Stimmung. Notieren Sie diese Farbe und machen Sie ein Elfchen.

Das Elfchen ist eine kurze, gedichtartige Textform mit genau 11 Wörtern, verteilt auf 5 Zeilen. In der ersten Zeile steht eine Farbe , in der zweiten Zeile erfahren wir, wer oder was diese Farbe hat, in der dritten Zeile, wo es sich befindet, in der vierten Zeile wird frei weitergeschrieben, die fünfte Zeile bringt alles auf den Punkt.

1. Zeile (ein Wort):	Eine Farbe
2. Zeile (zwei Wörter):	Wer oder was hat die Farbe
3. Zeile (drei Wörter):	Wo befindet sich das
4. Zeile (vier Wörter):	frei weiterschreiben
5. Zeile (ein Wörter):	Abschluß/Wende/Zuspitzung

Ich schrieb im Raum mit Gemälden aus den 20er Jahren folgendes Elfchen, allerdings galt meine Aufmerksamkeit weniger den Bildern als einem großen Vorhang, der die Fenster abdunkelte:

Rot
die Wand
in meiner Brust
schreit nach neuen Tapeten
sofort

Nach einer halben Stunde Schlendern und Schreiben trafen wir uns wieder im Eingangsbereich und führten uns dann von Elfchen-Ort zu Elfchen-Ort durch das Museum und lasen unsere Texte vor. Klar, daß so eine jeweils persönlich äußerst dichte, insgesamt für die Gruppe allerdings eine die Museumsräumlichkeiten enorm öffnende Atmosphäre entstand. Bei diesem ersten Rundgang führte sich unsere Gruppe sozusagen selber, wir versahen die Berlinische Galerie an diesem Abend mit eigenen Duftmarken.

Damit waren die Wege zu einzelnen Kunstwerken, die im späteren Seminarverlauf betrachtet wurden, behutsam vorbereitet.

Kartenspiel

Zum Einstieg in ein bestimmtes Thema und zur Lockerung von Teamern und Teilnehmern einer Werkstatt in der ersten Phase des Kennenlernens eignet sich ein speziell entwickeltes Kartenspiel. Die Teamer stellen thematische Bildpaare auf DIN A 4-Kartons zusammen. (Es empfiehlt sich, stets mehr Karten als die erwartete Teilnehmerzahl anzufertigen.) Wir haben Karten zum Thema „Einfluß des Bauhauses auf die gestaltete Umwelt heute" entworfen. Auf einer Seite werden Produkte, Modelle oder Entwürfe des Bauhauses gezeigt (Möbel, Geschirr, Töpfe, Aschenbecher, Tapeten, Plakate, Zeichnungen usw.), auf der gegenüberliegenden Seite entsprechende Beispiele aus anderen Schulen oder Stilepochen. Bei der abgebildeten Karte sehen Sie rechts den Stahlrohrstuhl B 34 von Marcel Breuer, einem Bauhauskünstler, aus dem Jahre 1924, während die andere Bildhälfte den „Dreischwinger" der Stiletto-Studio's von 1988 vorstellt. Dieser gehört nicht zum Bauhaus. Die Kombinationen sind so gewählt, daß sie möglichst viele Assoziationen und verschiedene Sinnzusammenhänge hervorrufen. Sie stellen entweder starke Gegensätze oder große Ähnlichkeiten dar. (vgl. Annette Richter, Gabriele Sagasser, Noriko Saito, Bauhaus - quadratisch, praktisch, schön, aber unbequem?, Projekt der Kulturpädagogischen Arbeitsstelle für Weiterbildung - Hochschule der Künste Berlin und des Museumspädagogischen Dienstes Berlin, Berlin 1991. Weiterführende Literatur: Annette Richter, Gabriele Sagasser, Bauhaus - quadratisch, praktisch, schön, aber unbequem? Band 1 Handreichung für Lehrer, Band 2 Materialien, Hrsg. Berliner Institut für Lehrerfort- und weiterbildung und Schulentwicklung / Museumspädagogischer Dienst Berlin, erscheint voraussichtlich Sommer 1996).

Anleitung

Jeder Teilnehmer zieht von einem Stapel, auf dem die Bildseite der einzelnen Karten verdeckt ist, eine Karte. Nun beginnen die Teilnehmer in offener Reihenfolge (d. h. nicht der Reihe nach, sondern nach persönlicher Motivation) damit, die jeweiligen Karten zu beschreiben und zu kommentieren. Sie berichten, was ihnen an den beiden Bildern auffällt, was sie besonders fasziniert, was sie langweilig oder uninteressant finden. Sie sagen, warum sie das eine Beispiel für ein Werk aus dem Bauhaus halten, während sie das andere nicht dieser Stilepoche zuordnen würden. Es kommt hierbei ausdrücklich nicht darauf an, bereits Vorkenntnissse zu haben und diese mitzuteilen, sondern assoziative Äußerungen zuzulassen. Die Gegenüberstellung zweier Bilder, deren Zusammenhänge auch ungewöhnlich sein können, erleichtert es, der Phantasie freien Lauf zu lassen. Denn die Bezüge zwischen den Bildern sind oft interessanter als nur die Beschreibung einer einzelnen Abbildung. Wenn die Fragestellung offen bleibt, braucht niemand Hemmungen zu haben, vielleicht etwas nicht zu wissen. Schließlich können die Teilnehmer am Ende ihrer Bildvorstellung erzählen, welches Interesse sie am Thema haben, welche Erwartungen sie mit der Teilnahme an der Werkstatt hegen.

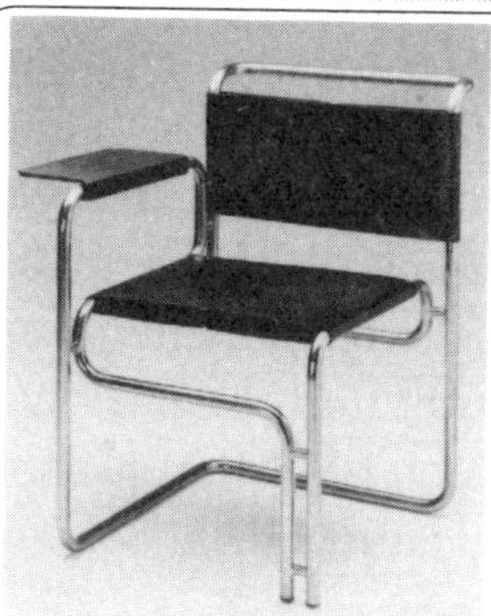

Beispiel einer Karte zum Thema „Bauhaus“. Links: „Dreischwinger“, Konferenzstuhl mit ausklappbarer Schreibunterlage, Prototyp Stiletto Studio's für Designwerkstatt, Berlin 1988. Rechts: Marcel Breuer, Stahlrohrstuhl B 34, 1928, Stahlrohr verchromt, Eisengarnstoff, Bauhaus-Archiv – Museum für Gestaltung, Berlin

Mein Weg zur Kunst

Mein Weg zur Kunst ist ein Gruppenspiel, das sich zum Kennenlernen oder auch als themenorientierter Einstieg in eine Epoche oder Kunstrichtung eignet. Je nachdem, welchen Schwerpunkt Sie setzen möchten, können bestimmte Elemente variiert und weiterentwickelt (Isolierung einzelner Bildelemente) oder besondere Aspekte betont werden (Problemkreis Original/Abbildung).

Vorbereitung

Wählen Sie ein Gemälde aus einem Museum ihres Ortes aus, das reich an einzelnen Gegenständen bzw. Figuren ist. Besorgen Sie sich von diesem Gemälde mehrere, eventuell vergrößerte Schwarz/Weiß Kopien. Dann schneiden Sie einzelne Figuren, Gegenstände oder Zeichen aus den Kopien aus. Präsentieren Sie diese der Gruppe umgedreht auf einer farbigen Unterlage, so daß nur die Umrisse der

Lukas Cranach d. Ä., Der Jungbrunnen, 1546, Staatliche Museen zu Berlin - Preußischer Kulturbesitz, Gemäldegalerie

Würfelspiel „Mein Weg zur Kunst“ Die verwendeten Figuren stammen aus dem Bild von Lukas Cranach d. Ä., „Der Jungbrunnen“, 1546

Elemente erkennbar sind. Verraten Sie nicht, aus welchem Kunstwerk die Ausschnitte stammen. Legen Sie für jeden Teilnehmer einen Fotokarton gleichen Formats bereit. Dieser sollte farbig sein, damit sich die Ausschnitte von ihm absetzen. Weitere Materialien sind Farbstifte und -kreiden, bunte Papiere (z. B. Transparent-, Bunt-, Krepp-, Geschenkpapier), Klebstoff und Scheren.

Anleitung

Jeder Teilnehmer sucht sich drei der Ausschnitte aus. Diese werden umgedreht und zusammen mit anderen Materialien nach persönlichem Befinden und thematischer Aufgabenstellung angeordnet und dann aufgeklebt. Beim Thema „Mein Weg zur Kunst" werden die Teilnehmer aufgefordert, „ihren" Weg zur Kunst mit Hilfe der vorliegenden Materialien als Collage zu gestalten und zu kommentieren. Sprechblasen sind erlaubt. Die Ergebnisse werden nebeneinander an der Wand befestigt. Reihum erläutert jeder seinen „Weg zur Kunst".

Ideen für den weiteren Verlauf:

- „Aus welchem Bild stammen denn nun die Schnipsel?"
- Das Bild wird als Dia gezeigt. Jeder erfindet dazu einen passenden Titel.
- Konfrontation mit dem Original im Museum.
- Schreibspiele vor dem Original (siehe Kapitel „Schreib- und Sprachspiele zum Kennenlernen").

Phantasiereisen

In der Gruppendynamik gehören Phantasiereisen zum Repertoire von Psychologen und Sozialarbeitern. Die Kunst selbst ist eine Reise durch die Vorstellungswelten der Menschen. Wenn wir Phantasiereisen als Methode der Annäherung an die Kunst vorschlagen, geschieht das mit der Intention, die Teilnehmer von künstlerischen Seminaren und Werkstätten empfänglicher für das Ungewöhnliche sowohl der Kunst als auch ihrer eigenen Ideen zu machen. Therapeutische Absichten werden nicht bezweckt. Stattdessen weisen wir auf die Empfehlung des romantischen Malers Caspar David Friedrich hin: „Schließe dein leibliches Auge, damit du mit dem geistigen Auge zuerst siehst dein Bild. Dann fördere zutage, was du im Dunkeln gesehen, daß es zurückwirke auf andere von außen nach innen."

Künstlerisch-kreative Phantasiereisen brauchen einen Teamer, der einen ausgesuchten poetischen und bildreichen Text so lebendig und nachvollziehbar vortragen kann, daß die Zuhörer selber im Geiste eine Geschichte erfinden. Um Phantasiereisen für ein bestimmtes Thema, z. B. zur Naturidee in der Kunst der Romantik, vorzubereiten, sind Recherchen nicht nur zur Kunst- und Kulturgeschichte erforderlich, sondern darüber hinaus zum Erfahrungshintergrund und zur Erwartungshaltung der potentiellen Seminarteilnehmer. Diese müssen mit dem Material etwas anfangen können, das sie als geistige Anregung angeboten bekommen. Manche Personen sind für Darstellungen aus dem Geist der Romantik empfänglich, andere haben möglicherweise Schwierigkeiten, romantische Empfindungen wahrzunehmen oder sie zu artikulieren. Der Text sollte den Zeitgeist einer Epoche treffend wiedergeben und Gelegenheiten bieten, eigene Bilder dazu in der Phantasie zu produzieren.

Vorbereitung

Als Werkzeug für die spätere künstlerisch-kreative Produktionsphase legen die Teamer eine größere, ausgesuchte Anzahl Abbildungen (Farbkopien) von Kunstwerken der behandelten Stilepoche aus. Dazu kommen Materialien (beim Thema „Romantik" Naturmaterialien wie Tannenzapfen, Blätter, Rinden, Blüten usw.). Schließlich müssen Arbeitsutensilien (Farben, Kreiden, Papier, Karton, Stifte, Klebstoff, Scheren) in ausreichender Zahl bereitgestellt werden.

Anleitung

Der Teamer bittet die Teilnehmer, die Augen zu schließen. Dann liest er den Text vor, hier als Beispiel ein Textausschnitt von Novalis, der in einer Werkstatt zur Kunst der Romantik vorgetragen werden könnte:

„Endlich gegen Morgen, wie draußen die Dämmerung anbrach, wurde es stiller in seiner Seele, klarer und bleibender wurden die Bilder. Es kam ihm vor, als ginge er in einem dunklen Walde allein. Nur selten schimmerte der Tag durch das grüne Netz. Bald kam er vor eine Felsenschlucht, die bergan stieg. Er mußte über bemooste Steine klettern, die ein ehemaliger Strom heruntergerissen hatte. Je höher er kam, desto lichter wurde der Wald. Endlich gelangte er zu einer kleinen Wiese, die am Hange des Berges lag. Hinter der Wiese erhob sich eine hohe Klippe, an deren Fuß er eine Öffnung erblickte, die der Anfang eines in den Felsen gehauenen Ganges zu sein schien. Der Gang führte ihn gemächlich eine Zeitlang eben fort bis zu einer großen Weitung, aus der ihm schon von fern ein helles Licht entgegenglänzte. Wie er hineintrat, ward er einen mächtigen Strahl gewahr, der wie aus einem Springquell bis an die Decke des Gewölbes stieg und oben in unzählige Funken zerstäubte, die sich unten in einem großen Becken sammelten; der Strahl glänzte wie entzündetes Gold; nicht das mindeste Geräusch war zu hören, eine heilige Stille umgab das herrliche Schauspiel. Er näherte sich dem Becken, das mit unendlichen Farben wogte und zitterte. Die Wände der Höhle waren mit dieser Flüssigkeit überzogen, die nicht heiß, sondern kühl war, und an den Wänden nur ein mattes, bläuliches

Licht von sich warf. Er tauchte seine Hand in das Bekken und benetzte seine Lippen. Es war, als durchdränge ihn ein geistiger Hauch, und er fühlte sich innigst gestärkt und erfrischt. Ein unwiderstehliches Verlangen ergriff ihn, sich zu baden, er entkleidete sich und stieg in das Becken. Es dünkte ihn, als umflösse ihn eine Wolke des Abendrots; eine himmlische Empfindung überströmte sein Inneres; mit inniger Wollust strebten unzählbare Gedanken in ihm sich zu vermischen; neue, nie gesehene Bilder entstanden (...)." (Friedrich Heinrich von Hardenberg / Novalis, Heinrich von Ofterdingen, Die Erwartung - Der Traum von der blauen Blume, Salzburg 1986)

Die Teilnehmer wählen sich nun aus der Phantasiereise das vorgestellte Bild aus, das sie am meisten beeindruckt hat. Danach nehmen sie aus den vorbereiteten fotokopierten Landschaftsgemälden und Naturmaterialien diejenigen, mit denen sie ihre eigene Bildidee realisieren wollen. Im Plenum nennt jeder Teilnehmer ein, zwei Stichworte zum ausgewählten Bild, z. B. „Hochgebirge mit saftigem Grün", „ca. 2500 m über dem Meer". Nach diesen Stichworten bilden zwei, höchstens drei Personen, die ähnliche Ideen artikuliert haben, Gruppen. Sie schaffen gemeinsam eine Assemblage. Die entstandenen Werke werden ausgestellt und von den Teilnehmern mit Kommentaren zu Idee und Herstellungsprozeß präsentiert. (vgl. Helga Breitmoser in: Martin Scheu, Idylle ist überall - Auf der Suche nach der verlorenen Natur in der Kunst und in unserem Leben, Projekt der Kulturpädagogischen Arbeitsstelle für Weiterbildung - Hochschule der Künste Berlin und des Museumspädagogischen Dienstes Berlin, Berlin 1990)

Dia-Scribble

Wahrnehmungsexperiment zum Bild „Nollendorfplatz“ von Ernst Ludwig Kirchner

Diese Übung ist geeignet, um bei den Teilnehmern und Teilnehmerinnen das Bewußtsein für die Selektivität ihrer Wahrnehmung zu schärfen. Insbesondere der Vergleich ihrer individuellen Skizzen führt zu einer Transparenz der Wahrnehmungsunterschiede. Das Experiment könnte auch am Anfang einer kleinen Schule des Sehens stehen.

Ernst Ludwig Kirchner, Nollendorfplatz, 1912, Berlin, Stiftung Stadtmuseum

Skizze zum Bild „Nollendorfplatz“, das als Dia nur fünf Sekunden an die Leinwand projiziert wurde.

Anleitung

Wir projizieren das Dia eines Kunstwerkes für fünf Sekunden und fordern die Teilnehmerinnen und Teilnehmer auf, sich möglichst genau die Hauptmerkmale, Hell-Dunkel-Kontraste, Farbigkeit und die wichtigsten Bildachsen einzuprägen. Jeder versucht nun, in einer kleinen Farbskizze das Gesehene festzuhalten. Dispersionsfarben oder farbige Kreiden eignen sich hierfür besonders gut. Danach bilden sich Gruppen von fünf bis acht Personen, die anhand ihrer Skizzen über ihre persönlichen Wahrnehmungen diskutieren und schließlich gemeinsam eine größere Skizze anfertigen. Sie soll möglichst alle Erinnerungen an das Dia miteinbeziehen.

Variation

Machen Sie das gleiche Experiment, und zeigen Sie das Dia in unterschiedlichen Einblendzeiten (5 s - 30 s - 60 s) kleinen Untergruppen. Die Gruppen vergleichen dann ihre Ergebnisse untereinander.

Expressionismus jetzt!
Eine Malaktion mit Happeningcharakter

Eine Intention der Expressionisten war es, all das „Herrliche und Seltsame, das Monströse und Dramatische der Avenuen, Bahnhöfe und Fabriken“ in ihren Bildern festzuhalten. Was ist heute übriggeblieben von der Faszination „tumultarischer Straßen“ und der „Eleganz eiserner Hängebrücken“? (Ludwig Meidner) Inwiefern hat sich das Erleben von Großstadt heute geändert?

Unser Einstieg in diesen Themenkomplex soll ein Gefühl für die rauschhaften Entstehungsprozesse expressionistischer Bilder vermitteln. Er soll zum Kennenlernen der Gruppe beitragen und beispielhaft unsere kreativen Arbeitsmethoden vorstellen.

Vorbereitung

Die Teilnehmerinnen und Teilnehmer werden gebeten, zum nächsten Treffen eine von acht genannten Farben auszuwählen. Vielleicht ist die Lieblingsfarbe dabei?

Malaktion

Außerdem sollen alle einen in der Stadt gehörten oder gelesenen Satz mitbringen.
Eine Wand des Seminarraums wird mit einem großen Stück Packpapier bespannt (ca. 2 x 1,75 m). Als Schutz kann darunter eine größere Plastikfolie geklebt werden. Bereiten Sie eine „Farbbar" vor, indem Sie auf einem oder zwei Tischen die benötigten Materialien auslegen: Flaschen mit Dispersionsfarben in acht Farbtönen, mittlere und große Borstenpinsel, Pappbecher, Plastikfolien oder Arbeitskittel und doppelseitiges Klebeband.

Anleitung

Alle erhalten an der Farbbar einen halb gefüllten Becher - natürlich mit der gewählten Farbe - und einen Pinsel. Die Aufgabe lautet:
Hinterlassen Sie mit Ihrer Farbe auf der Papierfläche eine Spur. Brauchen Sie die ganze Farbe auf. Übermalen der anderen Spuren ist erlaubt.
Ist das Gemeinschaftsbild fertig, schreibt jeder seinen mitgebrachten Satz auf ein Extrablatt und heftet es neben das gerade entstandene Gemälde. Mit ihrem Satz stellen sich nun alle reihum kurz vor.

An unserer Malaktion waren 25 Leute beteiligt. Deshalb kamen nicht alle gleichzeitig zum Zuge. Doch jedes Stückchen Papier wurde, zum Teil am Boden hockend und auf Leitern stehend, in Schichten bearbeitet. In dem scheinbaren Chaos entstand ein homogenes Bild, das uns bei der weiteren Beschäftigung mit den Expressionisten begleitete und uns an diese Erfahrung erinnerte. Sagen wir es einmal altmodisch: Es hatte gemeinschaftsstiftenden Charakter.

Variation

Entsprechende Aktionen zu Themen wie Action Painting, Neue Wilde.

Poème simultan. Dada ist da.

Wie schlüpft man als politisch korrekter Bürger der Neunziger Jahre in die Rolle sinnentlee(h)render Dadaisten der Zwanziger? Wie streift man den normalen Alltag ab, erfährt das Lachen und Brüllen Dadas an sich selbst, wo doch dadaistische Aktionen nicht planbar sind, sondern vom Zufall bestimmt? Vielleicht lohnt sich ein Einstieg über den Alltag, von dada-draußen nach dada-drinnen, vom Lärm und Abfall der Stadt, Bruchstücken der Umgebung, aufgeschnappt, gesammelt und neu montiert.

Die „Zeichenfauna" der Stadt (Satz- und Geräuschfetzen, vermittelt auch über Werbesprüche, Graffitis, beschriebene Kleidung) bietet dem Jäger und Sammler in uns unzähliges Material, das sich in einer Gruppenaktion dadaistisch umsetzen läßt und dem Zufall dennoch genügend Raum läßt. Vielleicht das berühmteste Exempel ist das

Bruchstück „Merz“, das Kurt Schwitters aus dem Begriff Kommerz oder Commerzbank? isolierte und damit seiner dadaistischen Richtung Namen, Zielrichtung und immer wieder auftauchendes Signum verliehen hat.

Vorbereitung

Je drei aufgelesene Sätze, Geräusche, Gesprächsfetzen und drei gefundene Gegenstände sollen zu Seminarbeginn von jedem Teilnehmer mitgebracht werden.

Dadaistische Assemblage

Anleitung

In einer simultanen Lautoper werden Sätze und Laute nun montiert: Das gesamte Seminar läuft, schleicht, robbt durcheinander und flüstert, quäkt und brüllt in eigener Regie. Dynamik entsteht, wenn Teilnehmer über die Wortfetzen das Kommunizieren beginnen. Die Laute verzahnen sich, Bekanntschaften unter den Teilnehmern werden auf ungewöhnliche Weise möglich, Satzfetzen werden zu einer über die Tonlage decodierbaren Geheimsprache.

Bevor der „Höhepunkt" erreicht ist, nehmen die Teilnehmer ihre mitgebrachten Gegenstände von einer Materialtheke auf, die das Durcheinanderlaufen nicht behindern darf. Auf einer vorbereiteten Dämmplatte (Reststück aus dem Baumarkt) werden die Fundstücke nun mit Kleber, Tacker, Pinnadeln oder Nägeln zu einem Kunstwerk, zu einer „Assemblage" vereinigt. Der Beginn dieser Aktion ist individuell, das Ende ist erreicht, wenn alles befestigt ist.
Auf farbige Papierkärtchen schreibt nun jeder seinen Untertitel, seine persönliche Bildunterschrift und reflektiert so Genese und Endprodukt in eigenen Worten. Paritätisch werden die Titel um die Assemblage geheftet und jeder erläutert seine Idee. Eine erste Annäherung an die Kunstrichtung über die heutige Zeit ist gelungen.

Hintergründe

Gleichzeitigkeit, etwas vielversprechender im lateinischen Wort „Simultaneität" verpackt, und Zufall sind Leitmotive der dadaistischen Kunst. Simultaneität, vom Futuristen Marinetti in Verbindung mit Kunst zuerst gebraucht, „ist ein Begriff für die Gleichzeitigkeit verschiedener Geschehnisse. Es setzt eine erhöhte Sensibilität für den zeitlichen Ablauf der Dinge voraus, es dreht das Nacheinander des A-B-C-D in ein (gleichzeitiges) A=B=C=D, es sucht das Problem des Ohrs in ein Problem des Gesichts umzuwandeln." (Richard Huelsenbeck)

Insbesondere das simultanistische Gedicht, dem man sich recht gut über eine so inszenierte Lautoper annähert, „lehrt den Sinn des Durcheinanderjagens aller Dinge, während Herr Schulze liest, fährt der Balkanzug über die Brücke bei Nisch, ein Schwein jammert im Keller des Schlächters Nuttke." (Dadaistisches Manifest)

sehen – gucken

Wege zur Kunst

Wer traut noch seinen Sinnen? Sehen wir noch, was wir sehen? Oder sehen wir nur mehr das, was wir sehen wollen oder sollen? „Die meisten Leute sehen nicht, die gukken bloß", dies bemängelte schon Max Liebermann. Gibt es heute für das „postmoderne" Subjekt überhaupt noch Möglichkeiten, sich mit seinen situativen, affektiven und intellektuellen Bedürfnissen ein Bild von der Welt über die geschlossenen semantischen Erklärungsmodelle hinaus zu machen? Etwa in der Kunst? Solche Wege versucht das „Fenster zur Kunst" konkret aufzuzeigen. Wege, die ihren eigenen Stellenwert behaupten, neben den anerkannten kunsthistorischen Informationen und Erläuterungen. Produktive, eigentätige Zugänge zur Kunst also, die zudem über die bloße Betrachtung des Originals, das Staunen, das Glotz und Hopp hinausgehen. Mit spielerischen, gruppendynamisch orientierten Rezeptionsformen wird hier dem Bedürfnis Rechnung getragen, sich der Kunst ohne Bildungs- und Wissensvorgaben zu nähern, sich auf die eigenen Wahrnehmungskanäle zu verlassen. Dazu bedarf es durchaus auch Sitzfleisch und Standvermögen. Die „Entdeckung der Langsamkeit", sie ist ein Gewinn für die aktive Auseinandersetzung mit Wirklichkeit in Form von Kunst.

Reise zur Kunst durch das eigene Leben

Schreib- und Malaktion zu Empfindungen in der Stadtumwelt

„Das Bild entsteht im Kopf des Betrachters."
(Marcel Duchamp)

Bei dieser Schreib- und Malaktion geht es darum, die Wahrnehmung für das, was außerhalb von uns geschieht, zu sensiblisieren. Mit dem ersten Schritt, dem Schreiben am Lieblingsort, nimmt der aufmerksame Betrachter nicht nur wahr, was in seiner Umwelt passiert, er vernimmt auch seine eigene innere Stimme und bezieht beide Impulse aufeinander. In der nachfolgenden Malaktion kommunizieren die Teilnehmer mit den Gedanken, Vorstellungen und Gefühlen eines anderen Menschen, indem sie malend auf seine am Lieblingsort festgehaltenen Eindrücke antworten. Das kleine Experiment gibt exemplarisch Aufschluß über den Einfluß von äußeren und inneren Faktoren auf die Wahrnehmung. Es zeigt, wie subjektiv und selektiv das Individuum seine Umgebung wahrnimmt und verarbeitet. Denn die Tagesverfassung einer Person beeinflußt entscheidend die Aufnahmefähigkeit. Nicht weniger interessant ist es, daß auch gespeicherte Sinneserfahrungen Augen, Ohren oder Nase öffnen bzw. verschließen können. Besonders geeignet ist die Schreib- und Malaktion im Vorfeld einer längeren Beschäftigung mit Kunst. Denn die Rezeption von Kunst unterliegt denselben Mechanismen, die auch im Alltagsleben bei der Verarbeitung von Informationen eine Rolle spielen.

Automatisches Schreiben am Lieblingsort

Bei dieser Aktion begeben sich die Werkstatteilnehmer ganz allein an einen Ort, zu dem sie ein besonders positives Verhältnis haben. Dabei kann es sich um einen Platz, eine bestimmte Straße, ein Gebäude, einen Friedhof oder den eigenen Frühstückstisch handeln. Zuvor händigen die Teamer den Teilnehmerinnen und Teilnehmern einen verschlossenen Umschlag mit der Anweisung aus, den Lieblingsort mit Schreibzeug und Papier im Gepäck aufzusuchen und den Umschlag erst dort zu öffnen. Darin befindet sich folgende

Schreibanleitung nach André Breton:

„Sie befinden sich an Ihrem Lieblingsort in Berlin?
Sie haben Schreibzeug und Papier dabei?
Gut, dann legen, stellen oder setzen Sie sich an eine Stelle, wo Sie sich möglichst ungestört in sich selbst versenken können. Entspannen Sie sich völlig, seien Sie ganz passiv und so hinnehmend und aufnahmebereit wie möglich. Saugen Sie einfach die Stimmung des Ortes ein und achten Sie auf die Stimmung in Ihnen. Lassen Sie sich von der inneren und äußeren Atmosphäre leiten. Und lassen Sie sich auf keinen Fall durch den Gedanken an Ihre etwaige Genialität beirren! Sehen Sie von Ihren eigenen Talenten und den Talenten aller anderen Menschen ab!
Schreiben Sie rasch nieder, was Ihnen einfällt, und besinnen Sie sich gar nicht auf ein Thema! Sagen Sie sich eindringlich, daß die Schriftstellerei der trübseligste Weg ist, der zu allem führt! Schreiben Sie so schnell, daß Sie sich überhaupt nicht versucht fühlen, vom schon Geschriebenen etwas behalten zu wollen oder es noch einmal durchzulesen!

Der erste Satz kommt Ihnen ganz von selbst. Wie es mit dem zweiten geht? Machen Sie sich darüber keine Sorgen. Schreiben Sie einfach unentwegt weiter. Wenn Ihnen kein Satz mehr einfällt, dann schreiben Sie den Satz, der Ihnen danach sofort einfällt.
Verlassen Sie sich ganz auf die Unerschöpflichkeit des Wisperns, Raunens und Murmelns in Ihnen! Und wenn es doch einmal zu verstummen droht, dann schreiben Sie einfach irgendeinen Anfangsbuchstaben, z. B. ein 'L', gerade immer nur ein 'L' vor das Wort, das Ihnen einfällt.
Schreiben Sie so etwa 10 bis 15 Minuten, bis die Vorder- und Rückseite Ihres Blattes Papier vollgeschrieben ist."

Die Zwiesprache zwischen Mensch und Ort beginnt. Während wir versuchen, alle unsere Eindrücke und Gedankenfetzen unzensiert niederzuschreiben, bekommen wir auch ein Gespür für das Zufällige und Momentane dieser einzigartigen und dennoch alltäglichen Situation. Es ist erstaunlich, in welcher Weise sich die Aufmerksamkeit nun verschieben kann. Selten sind wir unserem eigenen „Murmeln" so nah, während wir gleichzeitig eine Ameise beobachten oder einen Schatten auf dem Schreibpapier bestaunen. Fast alle, die sich auf dieses Wahrnehmungsexperiment einlassen, machen die Erfahrung, daß die Dominanz des Sehsinnes für Momente zugunsten des Gehör- und Geruchsinns, aber auch des Gefühls für Temperatur und andere Sinnesempfindungen, abgeschwächt wird. Die Aufforderung, „Seien Sie so hinnehmend und aufnahmebereit wie möglich!", öffnet auch diejenigen Sinne, deren Kapazität im allgemeinen nicht ausgeschöpft wird.
Automatisches Schreiben kann die Wechselwirkung zwischen den beiden Realitätsebenen „Ich" und „Welt" sti-

mulieren. Die Welt der eigenen Erfahrungen, einschließlich dem aktuellen Befinden, begegnet der Welt „da draußen". Die am Lieblingsort entstandenen Texte spiegeln diesen Prozeß fragmentarisch wider.

Hier ein Beispiel

„Efeubewachsene Bäume stehen Wache - oder was machen sie hier?
Der STEIN - er ist ein einfacher Quader.
Du bist ganz gewiß nicht mehr hier.
Dunkelgrüne Vogelstimmen schwirren durch die Luft.
Gelassene Vogelkonversation zu dieser Mittagsstunde, sicher eine vernünftige Beschäftigung.
Was soll ich Dir sagen? Ich spüre nichts von Dir.
Wohin ist die Verzweiflung gegangen, die Sehnsucht nach etwas Unerfüllbarem?
Quadratischer Platz - unten glitzert eine Stückchen See.
Aber warum müssen die Geräusche der Autos sogar bis hierher dringen?
Können sie Dich nicht in Ruhe lassen?
Nadelbäume stehen hier auch rum. Ist das die traurige Vegetation, das passende Gepflanz für einen Ort wie diesen? Wer hat sich das ausgedacht?
Da! Irgendein unheilbarer Romantiker hat Dir frische Blumen gebracht, sogar ein Strauß Veilchen liegt da, vorsichtig mit einem Grashalm verschnürt.
Mach die Augen zu und du denkst du bist in einem Vogelhaus. Ja ich weiß, damals gabs hier noch keinen Autolärm und auch nicht diese vielen Häuser und Boote. Schatten und Lichtflecken wandern über mein Papier und lassen die Worte wanken.
Was ist das? Der erdige Boden hat lauter kleine Mulden wie nach einem Regen. Du weißt vielleicht, wann es geregnet hat - ich habs vergessen...
Und da müht sich diese winzige Ameise mit einem großen, weißen Etwas ab.
Die Leute in dem Kilometer über uns brummenden Flugzeug wissen das nicht - es ist ihnen egal."
(Geschrieben am Grab von Heinrich von Kleist am Kleinen Wannsee in Berlin.)

Male einen Text!

Zum nächsten Treffen werden alle automatisch geschriebenen Texte mitgebracht. Sie werden gemischt und verteilt. Alle Teilnehmerinnen und Teilnehmer haben nun einen fremden Text vor sich, den sie mit einem eigenen Bild kommentieren sollen. Wie immer geht es dabei nicht um ein besonders künstlerisches Ergebnis, sondern darum, sich vom geschriebenen Text animieren zu lassen.

Auch die Malaufgabe erfordert „Hinnahme und Aufnahmebereitschaft". Doch anders als beim Schreiben am Lieblingsort ist das Ausgangsmaterial eine schon interpretierte, persönlich gefärbte Sicht einer Situation: Wir kommunizieren indirekt mit einem anderen Menschen. Unserer Erfahrung nach stellt sich beim Lesen ein innerer Farbeindruck ein, wenn man ihn erwartet oder die Aufmerksamkeit auf diese Möglichkeit lenkt. Die Farben die-

Bild zum Text, der am Grab von Heinrich von Kleist geschrieben wurde

nen dann als Träger der Stimmung, die aus dem Text herausgelesen wird, und erleichtern so den Einstieg ins Malen. Die Malerinterpreten stellen am Schluß die Farbskizzen vor und lesen dazu die entsprechenden Textvorlagen. Erst dann geben sich die Autoren der Texte zu erkennen. Sie berichten über ihre Schreiberlebnisse „vor Ort" und kommentieren die Farbskizzen zu ihren Texten.

Anleitung

Lesen Sie den Text leise und aufmerksam durch.
Finden Sie nun eine Farbe oder einen Farbklang, der zum Text paßt. Es gibt ganz sicher Farben, die sich während des Lesens bei Ihnen einstellen.
Fertigen Sie in diesen Farben eine Farbskizze zu dem Text an. Es muß kein detailliertes oder realistisches Bild sein. Versuchen Sie, den Eindruck, den dieser fremde, sehr persönliche Text auf Sie macht, locker festzuhalten.

Material

Quadratische und rechteckige Fotokartons, Dispersionsfarben, Farbpigmente (Weiß, Schwarz, kaltes und warmes Rot, Blau, Gelb) und Acrylbinder, Eierkartons für die Pigmente, Naßklebeband zum Befestigen der Malunterlagen, beschichtete Pappteller als Palette, Borstenpinsel, Becher, Wasser, Kernseife zum Auswaschen der Pinsel.

Kunstwerke, die wir lieben

Die Frage „Was ist schön?" wird in Zusammenhang mit Kunst oft thematisiert, auch unter dem Aspekt, ob ein Kunstwerk denn immer schön sein muß. Kunstbetrachtung nach subjektiven Geschmacksurteilen, wie funktioniert das? Für diese Frage soll hier ein Verständnis und ein Gespür entwickelt werden. Auch für die psychologischen, sentimentalen, existentiellen oder zufälligen Motive, die bei der Auswahl eines „Lieblingsbildes" eine Rolle spielen.

Die Teilnehmerinnen und Teilnehmer werden gebeten, Kunstwerke in Form von (Farb-) Kopien, Postern, Postkarten, Abdrucken in Kunstbänden, evtl. auch Originale, mitzubringen. Kunstwerke, die ihnen besonders gut gefallen, womöglich ihr Lieblingsbild. Der Begriff „Lieblingsbild" sollte jedoch nicht absolut aufgefaßt werden. Viele haben nicht nur ein Lieblingsbild, sondern mehrere aus unterschiedlichen Epochen.

Das gegenseitige Vorstellen dieser „Kunstwerke, die wir lieben" wird hier als mehrstufiges spielerisch-kreatives Verfahren vorgeschlagen. Eindrücken soll Ausdruck verschafft werden. Die Empfänger sind zugleich Sender. Dabei kommen fast automatisch die latenten Kriterien, die jeder und jede hat, zum Vorschein und ins Gespräch: die bewußten und unbewußten, ausgesprochenen und unausgesprochenen Geschmacksurteile, Gefallenskriterien und ästhetischen Empfindungen. Auf den Prüfstand geraten die ästhetischen Über-Ichs, die modischen Standards, die gesellschaftlichen Einflüsse. Fremdwahrnehmung und Selbstwahrnehmung wechseln sich bei dieser Übung permanent ab. Dies schärft die Aufmerksamkeit für die eigenen Kriterien und die der anderen.

Anleitung

Sämtliche mitgebrachten Lieblingsbilder werden verdeckt abgelegt. Die Teilnehmerinnen und Teilnehmer nehmen sich dann nach dem Zufallsprinzip ein Kunstwerk, selbstverständlich nicht das eigene.

Notieren Sie Ihre Eindrücke, ihre Wahrnehmungen zum fremden Lieblingswerk. Schreiben Sie auf, was das Bild in Ihnen auslöst, zehn Assoziationen (zehn Wörter, zehn Satzfetzen). Verwenden Sie diese Assoziationen schließlich für einen zusammenhängenden Text (höchstens eine DIN A 4-Seite), der Ihren Rezeptionsvorgang, Ihre Empfindungen, Wahrnehmungen und Eindrücke wiedergibt. (Dauer: 40 Minuten)

Lesen Sie Ihren Text zum Bild der Gruppe vor.

Beispiel zu Henri Matisse, Kleines Zimmer in Blau, Staatsgalerie Stuttgart

Ja, da schau her. Das hat vielleicht einen Blaustich, das Bild.
Na so eine Bläue aber auch. Sogar die Pflanze ist blau.
Der Topf ist blau, die Wand blau, der Fußboden blau. Ja ist denn da überhaupt ein Boden? Nee, da ist bloß blau. Draußen ist es so blau wie innen.
Und der Tisch? Gleich hüpft er weg, er steht schon ganz schief.
Und der Mensch, da sitzt doch ein Mensch?
Der Mensch hat kein Gesicht.
Nicht einmal blau ist es, das Gesicht.

In der Leserunde geben sich direkt nach dem Vorlesen der jeweiligen Rezeptionstexte diejenigen zu erkennen, die das Kunstwerk als ihr Lieblingsbild mitgebracht haben. Sie nennen Titel, Entstehungsjahr, Künstlerin oder Künstler, den Ort (das Museum), wo sich das Kunstwerk befindet. Sie sagen, weshalb dieses Werk ihr Lieblingsbild ist und geben eine Antwort auf den gehörten Text. (Dauer der Lese- und Vorstellungsrunde bei 12 Personen ca. 1 1/2 Stunden)

Henri Matisse, Kleines Zimmer in Blau, 1947, Staatsgalerie Stuttgart

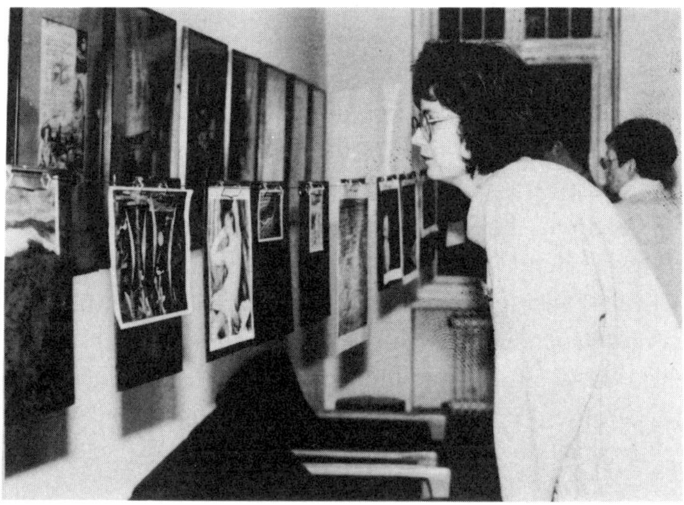

Kunstwerke, die wir lieben, auf der Wäscheleine

Variation 1

Die Sammlung von Assoziationen kann auch über die Methode des Clusterns geschehen (siehe Kapitel Schreib- und Sprachspiele zum Kennenlernen).

Variation 2

Dem Lieblingskunstwerk eines anderen läßt sich assoziativ auch mit den fünf Sinnen auf den Leib rücken: Auge was siehst du, Nase was riechst du, Hand was spürst du, Zunge was schmeckst du, Ohr was hörst du?

In einem zweiten Schritt (eventuell beim nächsten Treffen der Gruppe) wird die wechselseitige Auseinandersetzung mit den Lieblingskunstwerken vertieft. Sämtliche Kopien, Originale, Bildbandausschnitte usw. werden galerieartig im Seminarraum ausgestellt, klassisch an der Wand oder experimentell auf einer durch den Raum gespannten Wäscheleine. Die Teilnehmer sollen sich jedenfalls einen gesamten Überblick verschaffen können. Sie erhalten die Aufgabe, aus den so präsentierten Kunstwerken eines auszuwählen, das ihnen (außer dem eigenen) am meisten gefällt und dasjenige, das ihnen am wenigsten gefällt. Auch dieser Prozeß wird in einem schriftlichen Verfahren festgehalten.

Anleitung

Betrachten Sie sich nochmals die Lieblingskunstwerke, die Sie bereits aus der Textvorstellungsrunde kennen. Versuchen Sie, das Bild zu finden, das Ihnen (außer dem eigenen natürlich) am meisten gefällt. Begründen Sie Ihre Wahl, versuchen Sie, Ihre subjektiven Kriterien zu formulieren. Schreiben Sie fünf Argumente auf. Beginnen Sie fünf mal mit „Ich mag dieses Bild, weil..."

Suchen Sie auch das Bild, das Ihnen am wenigsten gefällt und schreiben Sie auf die gleiche Weise fünf Mal „Ich mag dieses Bild nicht, weil..."
Notieren Sie die Titel der Bilder jeweils auf Ihre Zettel mit den Notizen und legen Sie diese zum entsprechenden Bild.

Diese „Ich mag", „Ich mag nicht"-Texte sollten anschließend von einer ausgewählten Person der Gesamtgruppe vorgelesen werden. Vor allem hier kann in einem Gruppengespräch das Spannungsverhältnis von Fremdwahrnehmung und Eigenwahrnehmung intensiv reflektiert werden. Zugleich wird der unterschiedliche Prozeß des Gefallens bzw. Nichtgefallens spielerisch thematisiert. Durch die Offenlegung vielfältiger Geschmacksvorlieben, durch die subjektiv begründeten Urteile und ihre direkte Vergleichbarkeit werden gerade die eigenen Kriterien deutlich erkennbar.

Beispieltexte zu Henri Matisse, Kleines Zimmer in Blau

Ich mag dieses Bild,

- *weil es modern ist*
- *weil das Fenster im Himmel hängt*
- *weil die Farben so frühlingsfrisch sind*
- *weil Tisch und Stuhl so schön geschwungen sind*
- *weil der Maler offenbar an alles gedacht hat*

Ich mag dieses Bild nicht,

- *weil es wie ein Plakat wirkt*
- *weil der Mensch wie ein Farbklecks aussieht*
- *weil die Farbe überwiegt*
- *weil die Möbel keinen Halt haben*
- *weil ich innen und außen nicht unterscheiden kann*

Haiku zum Lieblingskunstwerk

Vor dem Hintergrund des Gruppenaustauschs erhalten zum Abschluß alle Beteiligten die Möglichkeit, ihr mitgebrachtes Lieblingswerk mit einem poetischen Text zu versehen. Sie holen damit „ihr Kunstwerk“ wieder ganz zu sich zurück und bringen ihre Wahl auf einen ästhetischen Punkt. Als kurze Gedichtform bietet sich dazu ein Haiku an.

Anleitung

Packen Sie zum Abschluß dieser experimentellen Rezeptionsrunde die ganze Liebe zu Ihrem Kunstwerk in ein Gedicht. Machen Sie ein Haiku. Was ist ein Haiku? Ein **Haiku** ist ein japanisches Kurzgedicht mit genauen Regeln. Das Gedicht hat 17 Silben, verteilt auf drei Zeilen (erste Zeile 5 Silben, zweite Zeile 7 Silben, dritte Zeile wieder 5 Silben).

Ein klassisches Beispiel aus Japan

Der alte Weiher
Ein Frosch, der grad hineinspringt
Des Wassers plätschern
(Basho)

Ein Haiku erfaßt spontan wie ein Schnappschuß einen Augenblick in der Natur. Haikus dürfen humorvoll sein, geben die Jahreszeit zu erkennen und vermitteln Gefühl und Stimmung.
Versuchen Sie, diese Elemente auf Ihr Lieblingsbild zu beziehen. Machen Sie mit einem Haiku den Text zu Ihrem Bild.

Beispiel zu Henri Matisse, Das blaue Zimmer

Möbel ohne Halt
Stuhl Pflanze Tisch und ich selbst
kippen aus dem Bild

Mit dem Vorlesen der Haikus zu den einzelnen Lieblingsbildern erhält die Rezeptionsrunde zum Schluß wieder einen ganz individuellen Tupfer.

Alternativen zum Umgang mit mitgebrachten Lieblingsbildern:

Variation 1
Kurzinterview
Zwei Teilnehmer interviewen sich wechselseitig zu ihren mitgebrachten Lieblingsbildern, jeweils fünf Minuten. Alle Fragen sind erlaubt, der Interviewer schreibt mit, filtert und fragt nach.
Die Interviewpartner stellen danach wechselseitig der Gruppe vor, warum, weshalb, wieso das Bild der anderen Person gefällt. Es muß ganz deutlich werden, was gefällt.

Variation 2
Galeristenrollenspiel
Jeweils drei Teilnehmerinnen und Teilnehmer setzen sich mit ihren Lieblingsbildern zusammen. Reihum diskutieren sie als gleichberechtigte Partner/Kollegen einer Galerie jeweils über den Ankauf des Kunstwerks. Der Maler, die Malerin des Bildes ist nicht bekannt. Es gibt einen Befürworter (der Galerist, der das Bild zum Ankauf vorschlägt, jeweils die Person mit ihrem Lieblingsbild), es gibt einen absoluten Gegner. Der dritte Kollege, die dritte Partnerin, ist zu Beginn unentschieden und läßt sich (auch durch eigenes Nachfragen) zu einer Entscheidung überzeugen. Ankauf oder nicht.

Variation 3
Einmaleins des Geschmacks
Die Seminarteilnehmer gehen von Lieblingsbild zu Lieblingsbild und nennen die Gründe, die nach ihrer Meinung dazu geführt haben, dieses oder jenes Bild in die Veranstaltung mitzubringen. Dabei schweigt der jeweilige Besitzer. Erst zum Schluß nennt jeder seine eigenen Kriterien des Gefallens.

Gegenstandsgeleiteter Museumsbesuch

Das Rot meines Schals im Bild von Heckel

„Ich gehe langsam durch die Räume des Brücke-Museums - nun zum dritten Mal! Wo kann ich meinen roten Schal unterbringen? Beim „Bajazzo" von Otto Herbig? Bei den Akten? Blau - Rot - Gelb finde ich im Bild „Der Wasserturm" von Erich Heckel. Das Rot meines Schales stimmt mit dem Rot des Wasserturmdaches genau überein. Das ist aber auch alles. Ich kann mich nicht entscheiden und bin eigentlich von den ausgestellten Bildern enttäuscht. Wirklich leuchtende Farben gibt es nur auf wenigen Bildern. Liegt es an der Beleuchtung? Lampenlicht! Wahrscheinlich.
Nun sitze ich vor dem Wasserturm-Bild: Ruhe - Ausgewogenheit durch die Anordnung der Gebäude und durch die Farbstimmung. Hügelige Wiesen - blauer Himmel - keine Menschen - keine Straßen. Wo finden wir dies heute noch? Ich suche mir einen Platz auf der einladenden Wiese, lege den roten Schal um meinen Hals und werde eins mit der Natur. Der Duft vom Wiesenboden, das Blau des Himmels, und immer wieder zieht mich das leuchtende Rot des Wasserturmdaches an. Inzwischen sind zwei Museumsbesucher vorübergegangen. Jeder hat vor dem Wasserturm-Bild ein paar

Erich Heckel, Der Wasserturm, 1919, Brücke-Museum, Berlin

Sekunden länger gestanden als vor den nachfolgenden Bildern. Ob sie auch die Ruhe und Ausgewogenheit gespürt haben?
Nun muß ich doch noch zum „Bajazzo" gehen. Seine Mütze, seine Lippen haben das Rot meines Schales, aber im Bild kann ich meinen roten Schal nicht unterbringen!"

Dieser innere Monolog, den eine Kursteilnehmerin vor dem Gemälde „Der Wasserturm" von Erich Heckel schrieb, ist das Ergebnis einer Rezeptionsmethode, die wir „Gegenstandsgeleiteter Museumsbesuch" nennen. Bekanntlich bringt jeder Museumsbesucher etwas ins Museum: Erwartungen, Persönlichkeit, Habitus, Wissen und Erfahrungen, Urteile und Vorurteile, die Kleidung und andere Gegenstände. Museumsbesuche sind Aktivitäten, in denen die Besucher mit ihrem Verhalten auch ihr soziales und kulturelles Bezugssystem zu erkennen geben. Was aber tatsächlich mitgebracht wird, bleibt in der Regel geheim und kommt nur zum Teil in Gesprächen vor den Exponaten zum Ausdruck. Für uns sind die verborgenen und unausgesprochenen Einstellungen, Wünsche und Fragen ein zentraler Aspekt in der Wahrnehmung von Kunst. Speziell die Probleme, die viele Menschen mit Kunstwerken der Gegenwart haben, sollten nicht ignoriert, sondern thematisiert werden. Über den Weg des gegenstandsgeleiteten Museumsbesuchs haben wir versucht, die Zutaten, die wir ins Museum bringen, bewußt zu machen. Es geht uns darum, Differenzen auszuagieren, sie als Potential in die Auseinandersetzung mit den Museumsexponaten bzw. dem Museum einzusetzen. Zugleich motiviert das Mitbringen von thematisch ausgewählten Gegenständen dazu, mit anderen Augen eine Ausstellung zu sehen, intensiver sich von bestimmten Ideen, Farben, Formen, Tönen, Kompositionen anmuten zu lassen.

Das Textbeispiel verdeutlicht eine vielfältige Wechselbeziehung zwischen Museumsbesucher und Kunst. Die Teilnehmerin unserer Werkstatt brachte von zu Hause einen leuchtend roten Schal mit ins Museum. Dieser Schal entsprach ihrer Vorstellung von einem in leuchtenden Farben gemalten Expressionismus. Er symbolisiert in ihren Augen diese Kunstrichtung. In der Ausstellung des Brücke-Museums sucht sie allerdings vergeblich nach jener erwarteten Leuchtkraft. Da sie das Leuchtende nur auf einigen Bildern findet, ist sie von der Ausstellung zunächst einmal enttäuscht. Erst nachdem sie sich auf das Rot des Wasserturmdaches im Bild von Heckel besinnt, beginnt der Akt der Versöhnung. Die Besucherin stimmt sich in die wahrnehmbare Welt des expressionistischen Gemäldes ein. Statt erwarteter Aufgeladenheit findet sie „Ruhe - Ausgewogenheit durch die Anordnung der Gebäude und durch die Farbstimmung - hügelige Wiesen - blauer Himmel - keine Menschen - keine Straßen". Auf der einladenden Wiese legt sie ihren roten Schal um den Hals und wird eins mit der Natur. Ihre bisherigen Vorstellungen vom Expressionismus erhalten durch das Einfinden in die Landschaftsdarstellung von Erich Heckel plötzlich eine neue Dimension. Die knallige Farbe ihres Schals hat die Besucherin zwar auf dem Wasserturmdach des Heckel-Gemäldes gefunden. Im inneren Monolog über den Gegenstand mit dem Kunstwerk gerät sie jedoch auf eine unerwartete Spur, die ihre Wahrnehmung verändert. Das Bild von Heckel öffnet sich zu einem persönlichen Erlebnis, durch das auch die Erwartungen an die expressive Kunst erweitert und konkreter werden.

Beim themenorientierten Mitbringen von Gegenständen ins Museum kommen die Differenzen und Übereinstimmungen zwischen Betrachter und Kunst zum Vorschein. Im Unterschied zum gewöhnlichen Museumsbesuch steht bei diesem Verfahren ein Objekt ganz bewußt zwischen dem Rezipienten und dem Exponat. Es regt den Besucher an, nach Pendants zum mitgebrachten Gegenstand zu suchen. Dieser Prozeß weckt die Entdeckerfreude. Plötzlich nehmen Betrachter im Kunstwerk Farben, Gegenstände oder Zeichen wahr, die sie vermutlich sonst nicht gesehen hätten. Eine andere Werkstatteilnehmerin bringt z. B. einen exotischen Blütenzweig mit. Sie plaziert ihn im Geiste an eine bestimmte Stelle eines Bildes von Karl Schmidt-Rottluff. Dabei richtet sich ihre Aufmerksamkeit auf die abgestuften Brauntöne des Bilduntergrunds, die sie mit den Farben des Zweiges vergleicht. Sie bemerkt die Ähnlichkeit der Farben und knüpft danach eine Verbindung zwischen den runden Fruchtschalen und den Wellenlinien, die sich an anderer Stelle im Gemälde zeigen. Schritt für Schritt erforscht sie auf diese Weise das

Kunstwerk. Am Ende dieses Prozesses registriert sie, daß sie gerade „einen 'anderen', noch nicht gekannten Expressionismus“ entdeckt hat.

Beim gegenstandsgeleiteten Museumsbesuch wird das Interesse gelenkt und der Besucher muß sich fragen, ob die Vorstellung, die er sich gemacht hat, mit der Kunst, die er jetzt wahrnimmt, übereinstimmt. Wie auch sonst, wird er sich von bestimmten Werken angezogen, von anderen abgestoßen fühlen, oder sie sind ihm gleichgültig (Qual der Wahl). Durch den mitgebrachten Gegenstand treten die Gegensätze zwischen vorgefaßter Meinung und vorgefundener Kunst verschärft hervor. Damit diese jedoch wirklich manifestiert werden, fordern wir die Teilnehmer des Rezeptionsexperimentes auf, in einem inneren Monolog die Gedanken, die sich beim Betrachten des Bildes ergeben, assoziativ niederzuschreiben. Auf diese Weise erhält der Museumsbesucher eine Gelegenheit, über ein Objekt als Symbol mit dem Kunstwerk zu kommunizieren. Was mit Hilfe des Gegenstandes wahrgenommen wird, wie er sich während der Niederschrift ins Bild eingräbt und was daraus hervorschaut, ist ein Prozeß voller Spannung und Überraschungen. Der Betrachter gerät in „sein“ eigenes Bild. Das Geschaute wird nicht nur wahrgenommen, sondern angereichert durch artikulierte Empfindungen und Bilder, die durch den Kontrast von Gegenstand und Werk stimuliert wurden. Im Unterschied zum üblichen Museumsbesuch erfolgt bei Anwendung dieser Methode keine glatte Harmonisierung oder Ablehnung, vielmehr bleibt das Spannungsverhältnis zwischen Betrachter und Kunst bestehen. Lust und Unlust an der Kunst halten sich weiterhin die Waage, damit die Neugier auch in Zukunft erhalten bleibt.

In unserer Werkstatt haben wir den gegenstandsgeleiteten Museumsbesuch in folgende Phasen aufgeteilt:
Themen- und Museumswahl, Gegenstandswahl, Museumsbesuch, Vortrag des inneren Monologs und gemeinsame Kunstbetrachtung.

Vorbereitung

Zu Seminarbeginn sprechen die Teamer Fragen an, die das Verhältnis der Teilnehmerinnen und Teilnehmer zum Thema Kunst und Museum betreffen. Dazu sind auch Schreib- und künstlerisch-praktische Spiele geeignet, die im Kapitel „Aller Anfang ist leicht“ vorgestellt wurden. Außerdem erklären sie Absichten und Ablauf des gegenstandsgeleiteten Museumsbesuchs.

Danach nennen die Teilnehmer Themen und Museen, die sie besonders interessieren. Haben sie sich für ein Gebiet entschieden, werden sie gebeten, zu Hause einen treffenden Gegenstand zu diesem Thema auszuwählen und damit ins bezeichnete Museum zu gehen. Dort sollen sie ein Kunstwerk aussuchen, das zum Gegenstand paßt und davor einen inneren Monolog schreiben. Schließlich wird darauf hingewiesen, daß beim kommenden Treffen die Niederschriften vorgelesen und besprochen werden.

Anleitung

Suchen Sie zu Hause einen Gegenstand, der Ihrer Meinung nach am besten zu den Gedanken paßt, die Sie sich zum Thema Expressionismus gemacht haben.
Besuchen Sie mit diesem Gegenstand das Museum...
Nehmen Sie außerdem ein DIN A 4-Blatt, Stift und Schreibunterlage mit. Machen Sie einen kurzen Rundgang durch die Ausstellung. Danach wählen Sie ein Kunstwerk aus, das besonders gut zu dem mitgebrach-

ten Gegenstand paßt. Betrachten Sie zunächst das Werk in Ruhe.
Jetzt schreiben Sie einen inneren Monolog. Schreiben Sie auf, was sie sehen, was Sie interessiert, welche Bezüge es zwischen Ihrem mitgebrachten Gegenstand und dem Kunstwerk gibt. Schauen Sie nach Details im Bild - Gegenstände, Personen, Farben, Formen -, die etwas mit Ihrem Objekt zu tun haben. (Lassen Sie das Ding mit dem Kunstwerk sprechen.) Sollte es schwierig sein, solche Verbindungen zu knüpfen, bringen Sie das zu Papier. Schreiben Sie auf, was sich gegen eine Verknüpfung sperrt und was Sie dabei empfinden.
Wenn Sie den inneren Monolog beendet haben, notieren Sie bitte noch die Kurzinformationen, die zum Kunstwerk gegeben werden; in der Regel: Name der Künstlerin/des Künstlers, Name des Kunstwerks, Entstehungsjahr usw. sowie Name des Museums. Sofern vorhanden, können Sie eine Postkarte (oder andere Abbildung) des Kunstwerks erwerben.
Bringen Sie zum nächsten Treffen den 'inneren Monolog' sowie die Kurzinformationen mit.

Der innere Monolog, die gemeinsame Kunstbetrachtung und die anschließenden Gespräche werden am besten vor dem Kunstwerk im Museum geführt. Nur ausnahmsweise sollte dies außerhalb des Museum geschehen. In diesem Fall sollten zum Vortrag des 'inneren Monologs' immer Abbildungen zu den besprochenen Kunstwerken vorliegen.

Variation 1
Mit einem Gedicht ins Museum

Statt eines Gegenstandes kann ein Gedicht zum Thema ausgesucht werden und zu einem bestimmten Kunstwerk im Museum führen. Das Hauptaugenmerk besteht darin, Korrespondenzen zwischen thematischen Aussagen und Stimmungen, die der Text zum Ausdruck bringt, und Eindrücken, die sich bei der Betrachtung dieses Werks niederschlagen, in einem inneren Monolog festzuhalten. Dabei kann man sich von dem Gedicht als ganzem wie auch von einzelnen Sentenzen, Gedanken und Wörtern anregen oder leiten lassen. Das folgende Gedicht zu Erich Heckels „Frauenbildnis" (1925) wurde inspiriert durch das Gedicht „Karawane der Sehnsucht" des expressionistischen Dichters Iwan Goll. Zeile für Zeile suchte der Autor des inneren Monologs das Gemälde von Heckel nach Bildeindrücken ab, die ihn zu einem neuen Text animierten.

Iwan Goll	Innerer Monolog eines Teilnehmers der Werkstatt „Fenster zur Kunst"
Karawane der Sehnsucht	Erich Heckels „Frauenbildnis", 1925
Unserer Sehnsucht Karawane findet nie die Vase der Schatten und Nymphen. Liebe versengt uns, Vögel des Schmerzes fressen immerzu unser Herz aus. Ach, wir wissen von kühlen Wassern und Winden: Überall könnte Elysium sein.	*Eine Frau sitzt da.* *Ruhig blickt sie den Betrachter an.* *Woran mag sie denken?* *An ihrer Wange trocknet eine Träne.* *Blau leuchtet das samtene Kleid.* *Mädchenhaft der rotbunte Kragen.* *Die Mauer bringt es hervor:*
 Aber wir wandern, Wir wandern immer in Sehnsucht. Irgendwo springt ein Mensch aus dem Fenster, einen Stern zu haschen, und stirbt dafür. Irgendeiner sucht im Panoptikum seinen wächsernen Traum und liebt ihn. Aber Feuerland brennt uns allen im lechzenden Herzen,	*Zwei Liebende, Zweige und Früchte,* *Die die einsame Schönheit umhüllen.* *Schweigen.* *Der Geliebte weilt in der Ferne.* *Nur wenn ich stark bin,* *mag die Trennung gelingen.* *Welch süßes Gift hat der Maler erdacht.* *Gesicht an Gesicht* *ziert das Ideal die Wand.* *Von der Ferne wird stetig geschwiegen.*

ach, und flössen Nil und Niagara
über und hin,
wir schrien nur durstiger auf.

Wer sieht schon in das Herz einer Frau?
Wie innig könnte ich sein,
würde ein männliches Herz mich
versteh'n.

Variation 2
Mit einer Assoziationskette ins Museum

Es ist auch möglich, statt eines Gegenstandes oder eines ausgesuchten Textes eine Liste mit zehn Wörtern ins Museum mitzubringen. Am besten geschieht die Erstellung dieser Liste in der Gruppe nach der vorhergegangenen Einführung. Die Teilnehmer werden angeregt, ihre Einfälle, Vorstellungen, Kenntnisse zum genannten Thema in Form einer Assoziationskette von mehreren Wörtern (etwa 10) aufzuschreiben. Die zum Thema, z. B. Romantik, notierten Wörter sind dann Leitfaden für die Bildbetrachtung. Sie können in den inneren Monolog einfließen.

X **Variation 3**
Gegenstand als Magnet

Der gegenstandsgeleitete Museumsbesuch hat auch dann einen Reiz, wenn ein völlig beliebiger Gegenstand aus dem Alltag mitgebracht wird, etwa ein Stück Seife, ein Flaschenöffner, ein Hut. (Er kann auch Tagesgefühle symbolisieren.) Der Gegenstand erhält so die Funktion eines Lotsen. Wie ein Magnet führt er zu einem Kunstwerk, zu dem er paßt, in das er sich gezogen fühlt.
Dieser Zugang ist eher spielerisch und eignet sich für Gruppen oder auch Einzelpersonen, die sich der Kunst im Museum offener und allgemeiner zuwenden wollen.

Bildbeschreibung einmal anders

Assoziationsskizze und schriftlicher Dialog

Für die „Betrachtung" eines Gemäldes, wie sie hier vorgeschlagen wird, sollten mindestens zwei Stunden Zeit veranschlagt werden. Es handelt sich um eine Mischung aus Wahrnehmungs-, Skizzierungs-, Assoziations- und Schreibexperiment. Das Setting ist speziell entwickelt für die gemeinsame Rezeption in der Gruppe. Die Teilnehmerinnen und Teilnehmer verlassen sich, wie immer, auf ihre eigenen Assoziationen, Emotionen, Ideen, Interpretationen und tauschen sie spielerisch geregelt untereinander aus. Es entsteht so eine Mischung aus individueller, paarweiser und gemeinsamer Bildbetrachtung. Und: „Sehen" hat nicht nur mit den Augen zu tun. Kopf, Herz, Hand, Sprache können, wie in diesem Experiment, beteiligt sein.

X

Assoziationsskizze

Über die Technik der „Assoziationsskizze" lassen sich Grundlagen der Bildbeschreibung „einmal anders" vermitteln. Die Beteiligten skizzieren zunächst jeweils für sich ein Bild ab, das im Kontext eines Seminares eine Rolle spielt. Dieses Skizzieren („Abkritzeln") kann direkt vor dem Original im Museum geschehen oder vor einer Kopie im Seminarraum (Poster, Dia). Es sind keine zeichnerischen oder malerischen Fähigkeiten erforderlich. Es geht beim Abskizzieren nur darum, sich der eigenen Wahrnehmungsvorgänge bei der Kunstbetrachtung bewußt zu werden und diese festzuhalten. Beim Skizzieren sollen deshalb neben den zeichnerischen Elementen auch die spontanen ersten Ideen an den Rand notiert werden. Das Verfahren wird so auch zu einem schriftlichen Brainstorming-Verfahren. Es entsteht ein persönlicher Dialog mit dem Kunstwerk, der die Assoziationen, Gedanken, Emotionen, Ideen, Urteile schriftlich festhält, die sich zum Bildinhalt, zu den Farben, den Formen usw. einstellen. Dies können auch Gerüche sein, Töne, die das Bild vermittelt. Für den individuellen Rezeptionsvorgang kann es zudem aufschlußreich sein, sich die Reihenfolge der Skizzierungssegmente zu notieren. Womit wurde begonnen, geendet?

Vielleicht ist der Hinweis hilfreich, sich als Forscher/Forscherin zu verstehen, d. h. den aktiv skizzierenden, notierenden Rezeptionsprozeß als wechselseitigen zu begreifen. Der Betrachter bleibt nicht ein passiver Empfänger, der Signale empfängt und „runterschluckt“: Durch die individuell rezeptiv-ästhetische Verarbeitung entsteht das Bild in seinem Kopf. Die solcherart intensive „Unterhaltung“ mit einem Kunstwerk verschafft auch Nichtexperten geeignete Zugangsvoraussetzungen, mit denen sie „komplizierte“ Bilder aufschlüsseln können. Die Methode des Abskizzierens der visuellen Signale und des Notierens der inneren Bilder wird hier exemplarisch dargestellt an Max Beckmanns „Geburt“, einer komplizierten Komposition mit sich überschneidenden Motiven und Segmenten, Symbolen, Allegorien und Chiffren.

Dabei entstehen durchaus ernstzunehmende Interpretationsvorschläge, die sich über die Diskussion innerhalb der gesamten Gruppe kunsthistorischen Ergebnissen annähern.

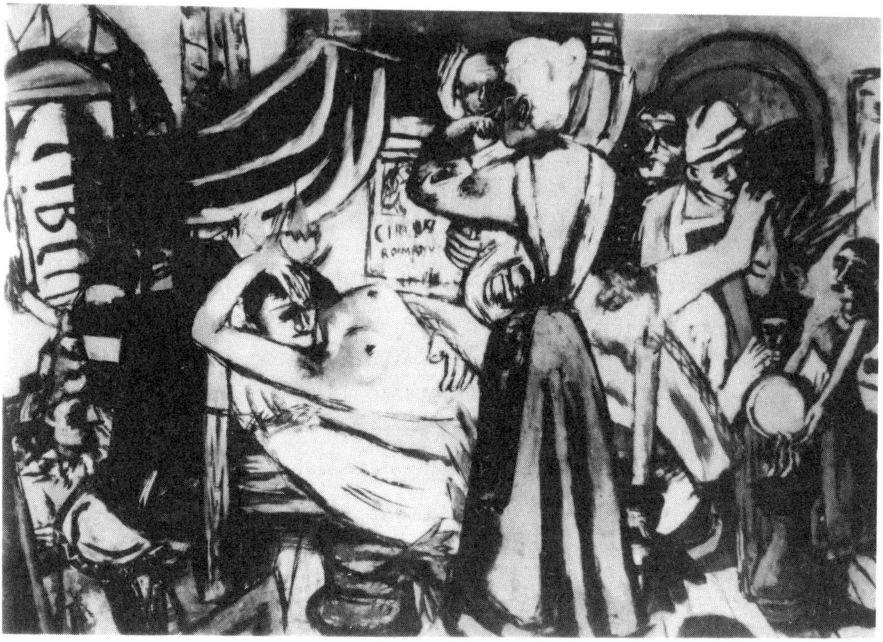

Max Beckmann, Geburt, 1937, Staatliche Museen zu Berlin - Preußischer Kulturbesitz, Nationalgalerie

Anleitung

Skizzieren Sie das vorliegende Kunstwerk mit Ihren zeichnerischen Mitteln ab. Als Kritzelzeichnung auf ein DIN A 4-Blatt. Künstlerische Qualität spielt keine Rolle. Vermerken Sie dabei die Reihenfolge des Skizzierungsvorganges. Notieren Sie zusätzlich, nebenher, Ihre Ideen, Emotionen, sinnlichen Eindrücke, Urteile zu dem Bild an den Rand Ihrer Skizze.
Dauer: 20 Minuten

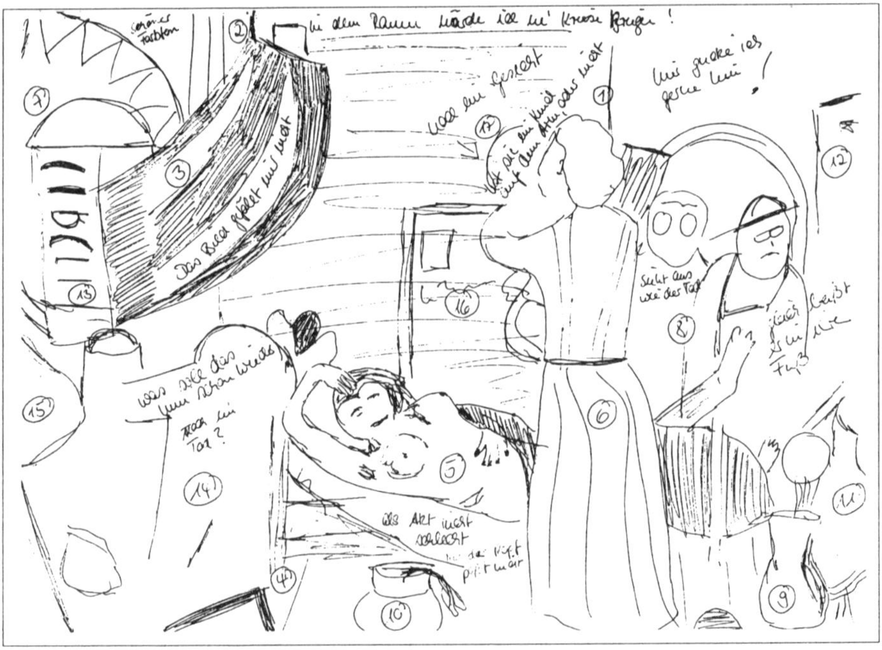

Oben: Assoziationsskizze A, Unten: Assoziationsskizze B

Schriftlicher Dialog

Die Decodierung eines Kunstwerkes gelingt umsomehr, wenn die eigenen Wahrnehmungen direkt danach in der Gruppe ausgetauscht werden. In unserem Experiment passierte dies zunächst durch die paarweise spielerische Vertiefung in Form eines Dialoges. Von den Notizen, die den Skizzierungsvorgang begleiteten, sollten vom Autor oder der Autorin selbst jeweils zehn Wörter unterstrichen werden, und zwar die Wörter oder Begriffe, die sich als die nachdrücklichsten, die wichtigsten erwiesen. Dies waren dann die Stichworte, die in den schriftlichen Dialog eingebracht wurden.

Anleitung

Jeweils zwei Personen aus der Gruppe setzen sich mit Stift und Papier zusammen. Die Dialogpartner entwickeln nun ein fiktives schriftliches, Satz für Satz notiertes, Gespräch vor dem Bild „Geburt" von Max Beckmann. Ihre jeweils zehn Stichworte aus den Assoziationsskizzen dienen dabei als Argumentationshilfen. Jedes Stichwort ist für einen Satz „gut". Die Stichworte können nach Belieben in den Sätzen verwendet werden, jedoch nur einmal. Das heißt, es entsteht ein Dialog mit 20 Sätzen, der Max Beckmanns „Geburt" interpretiert, kritisiert, analysiert, hinterfragt, lobt, preist usw. Wechselseitig gibt ein Wort aus der Assoziationsskizze den Impuls für einen Satz. Beide Dialogpartner notieren den Gesamttext mit (dies ist beim Vorlesen des Textes praktikabel). Die Sätze werden entweder direkt schriftlich in den Dialog eingegeben, oder vorher mündlich artikuliert. Je nach Vorlieben.

Das folgende Beispiel verdeutlicht die Vorgehensweise.

Beispielswörter

Teilnehmer A: *Tod - Krise - Kind - Akt - Fuß - hingucken - Gesichter - Kopf - Raum - Farbton*

Teilnehmer B: *Nacht - rätselhaft - Alpträume - Schläferin - Vorhang - Traumfiguren - beschattet - beleuchtet - wehende - Hintergrund*

Beispielsdialog

A: Ist das der ***Tod,*** *der die Frau heimgesucht hat?*
B: Gott bewahre, die Frau lebt. Der Tod ist der im ***Hintergrund.***
A: Stimmt, bei dem ***Akt*** *hebt sich ja die Brust.*
B: Und manch ***wehender*** *Gedanke in Männerköpfen ist leicht vorstellbar.*
A: So wie sie den ***Fuß*** *aus dem Bett abstreckt. Komisch nicht?*
B: Ja, aber sehr erotisch und wach, eben keine ***Schläferin.***
A: Trotzdem, die ganzen Leute um das Bett der Nackten, ich würde die ***Krise*** *kriegen.*
B: Wieso, nur der Busen ist doch ***beleuchtet.***
A: Aber sieh doch, die gruseligen ***Gesichter!***
B: Ja, die sind echt ***beschattet.***
A: Glatzköpfig ist allein das ***Kind.***
B: Das Ganze ist eher Stoff für ***Alpträume*** *als das Bild einer freudigen Geburt.*
A: Vielleicht faßt sie sich deshalb so angestrengt an den ***Kopf.***
B: Und sehnt sich offensichtlich nach nichts als ***Nacht.***
A: Der ***Raum*** *ist auch schrecklich überfüllt und bestimmt heiß.*
B: Das ist mir aber jetzt zu realistisch gedacht. Entscheidend ist doch der Anklang an ***Traumfiguren;*** *die haben kein Temperaturempfinden.*
A: Naja, immerhin der ***Farbton*** *des Bildes erinnert an Träume.*

*B: Und die sind immer **rätselhaft.***
*A: Trotzdem könntest du mal genau **hingucken** und dich in die Lage der jungen Mutter hinein versetzen.*
*B: Geht nicht, bei mir fällt jetzt der **Vorhang.***

Zum Abschluß dieses sukzessiven Rezeptionsverfahrens werden in der Gesamtgruppe die individuellen Skizzen und Notizen vorgestellt, die unterschiedlichen Wahrnehmungen ausgetauscht, verglichen und diskutiert. Das Vorlesen der Partner-Dialoge direkt vor dem Bild vertieft eindrücklich die individuell entwickelten Skizzen.

Ergebnis dieser Rezeptionsmethode:

Die Gruppe funktioniert wie ein Gesamt-Rezeptor. Durch die Vernetzung verschiedener Kreativtechniken wird eine „ganzheitliche" Rezeption ermöglicht. Bereits in der Phase des Abzeichnens und Assoziierens wird „gespickt" und es findet ein gegenseitiges Korrigieren „falscher" Detailwahrnehmungen statt. Der Kopf des Kindes zum Beispiel wird von den meisten Teilnehmern zunächst als Gesicht eines von draußen hereinsehenden Mannes identifiziert. Die Rezeption wird abgerundet durch Dialogvorträge und die Schlußbesprechung.

Synektische Annäherung

Eine Management-Methode vor einem Bild von Ludwig Meidner

„Synektik", der Begriff kommt aus dem Griechischen und bedeutet so viel wie „Zusammenhalten", wie das „Zusammenwirken verschiedener Einzelelemente". Die Methode wurde von William J. Gordon in den USA entwickelt. Synektik ist eine Denktechnik, die unkonventionelle Lernprozesse in Gang setzt, mit deren Hilfe sich

Probleme auf ungewöhnliche Weise lösen lassen. Speziell in der Werbebranche wird die Synektik seit langem angewandt. Systematisch werden Analogien zu einem Problem gesucht. Dadurch wird Fremdes vertraut und zugleich Vertrautes fremd gemacht. Die Herausforderung sei, so Gordon, ein Problem mit anderen Augen zu sehen. Die synektische Methode vollzieht eine Bewegung im Geist vom Objekt weg und wieder auf das Objekt zu, und zwar von einem geänderten Blickwinkel aus. Es lag und liegt auf der Hand, diese Methode für die persönlich gefärbte Annäherung an Kunstwerke auszuprobieren. Die von Gordon vorgeschlagenen Analogien lassen sich auf den Rezeptionsvorgang von Kunst mühelos übertragen. Durch den Wechsel der Wahrnehmungsperspektiven gelingt es, ein Kunstwerk auf völlig neue Weise zu sehen. Mit der Synektikmethode organisieren wir ein gezielt-gespieltes Management unserer subjektiven Wahrnehmungen. Die Verfremdungseffekte (die Analogien) unterdrükken die Tätigkeit des linearen Denkens und stellen Lösungsansätze zur Verfügung, die sonst nicht genutzt würden.

Anleitung

1. Das Wesentliche
Betrachten Sie intensiv ein Kunstwerk und versuchen Sie, das für Sie Wesentliche des Bildes auf einen Nenner zu bringen. Dies muß natürlich kein Verständnis im herkömmlichen Sinne sein. Was ist das Wesentliche? Sie finden immer das Richtige. Versuchen Sie es mit einem Wort (Hauptwort, Eigenschaftswort, Zeitwort) zu benennen.

2. Direkte Analogie aus der Natur
Versuchen Sie nun, für Ihr gefundenes Wort, das für Sie das Bild am treffendsten charakterisiert, Beispiele

aus der Natur zu finden. Wo gibt es d a s in der Natur? Was in der Natur entspricht Ihrem Wort? Ein Tier, das etwas Bestimmtes macht, eine Wettererscheinung, eine Pflanze, irgendetwas. Notieren Sie zu Ihrem Begriff drei Analogien aus der Natur, die nichts mit dem Kunstwerk zu tun haben, das der Ausgangspunkt für unser synektisches Experiment ist. Unterstreichen Sie die treffendste Formulierung.

3. Persönliche Analogie
Jetzt fragen Sie sich: „Wie fühle ich mich als diese Naturanalogie (als dieses Tier, diese Pflanze, diese Wettererscheinung und so weiter)?" Finden Sie wieder drei Begriffe, drei kurze Erläuterungen, die dieses Empfinden charakterisieren. Unterstreichen Sie wieder die treffendste Formulierung.

4. Abstrakte Analogie
Ihre persönliche Analogie kleiden Sie jetzt in drei abstrakte Widersprüche, drei abstrakte Analogien. Beispiele: elastische Starre, bewegliche Ruhe, gedrehte Linearität und ähnliche. Zuletzt unterstreichen Sie von Ihren drei abstrakten Formulierungen die Formulierung, die Ihnen am einleuchtendsten erscheint.

5. Rückkoppelung
Vollziehen Sie nun die Rückkopplung zum Bild. Wo im Bild finden Sie Ihre abstrakte Analogie? Sie finden ganz bestimmt diese Stelle, die Ihrer Formulierung entspricht.

Beispiel: Ludwig Meidner, Kirche zu Friedenau, 1913:

1. *Was mir spontan als Wesentliches zu diesem Bild einfällt: Vibration. Ich entscheide mich für Vibration, dieser Begriff scheint es am meisten zu treffen.*

Ludwig Meidner, Kirche zum Guten Hirten auf dem Friedrich-Wilhelm-Platz in Friedenau,1913, Berlin, Stiftung Stadtmuseum Berlin

2. *Wo gibt es Vibration in der Natur? Ich finde: im Vulkan, beim Meerestosen, bei einem Tiger vor dem Angriff.*
3. *Ich entscheide mich für den Tiger. Wie fühle ich mich als Tiger vor dem Angriff? Ich fühle mich aggressiv, hemmungslos, gedankenleer stromdurchzuckt.*
4. *Aggressiv entspricht mir doch am meisten, und ich finde folgende abstrakte Analogien: Leises Gebrüll, gefrorene Explosion und hinausgeschrieenes Schweigen.*
5. *Der Ort im Bild, an dem ich „hinausgeschrieenes Schweigen" sehe: Die fünf roten Zacken der Kirche.*

Spurensuche - Spurensicherung

Motive der Moderne in der Stadt und im Museum

„Wir müssen endlich anfangen, unsere Heimat zu malen, die Grossstadt, die wir unendlich lieben. Auf unzähligen, freskengroßen Leinwänden sollten unsre fiebernden Hände all das Herrliche und Seltsame, das Monströse und Dramatische der Avenüen, Bahnhöfe, Fabriken und Türme hinkritzeln...Seid lieber brutal und unverschämt: eure Motive sind auch brutal und unverschämt. Es genügt nicht, dass ihr den Rhythmus in den Fingerspitzen habt, ihr müsst euch winden unter Tollkühnheit und Lachen!...Malen wir das Naheliegende, unsere Stadt-Welt! die tumultarischen Strassen, die Eleganz eiserner Hängebrücken, die Gasometer, welche in weissen Wolkengebirgen hängen, die brüllende Koloristik der Autobusse und Schnellzugslokomotiven, die wogenden Telephondrähte (sind sie nicht wie Gesang?), die Harlekinaden der Litfass-Säulen, und dann die Nacht, die Grossstadt-Nacht!" (Ludwig Meidner, Septemberschrei, Berlin 1920, S. 312 ff., zit. nach Dominik Bartmann, Das Großstadtbild Berlins in der Weltsicht der Expressionisten, in: Katalog „Stadtbilder“, Berlin Museum, Berlin 1987, S. 251)

Seit langem ist die Stadt ein Motiv für die bildende Kunst. Während Maler und Kupferstecher seit dem Mittelalter im Auftrag von adeligen und kirchlichen Herrschern und einflußreichen Bürgern Stadtansichten (oder Landschaften) mit nahezu topographischer Genauigkeit wiedergaben, änderte sich diese Darstellungsweise, als im letzten Drittel des 19. Jahrhunderts die Fotografie ihren Siegeszug erlebte und der Weg für neue künstlerische Auffassungen frei wurde. Schon die Impressionisten waren nicht mehr an der bloßen Aufzeichnung äußerer Realität interessiert, sondern an subjektiv empfundener Wirklichkeit. Ihre Darstellungen städtischer Szenen gleichen Momentaufnahmen: Aufgrund einer fundierten Kenntnis von Farb-, Licht- und Schattenwirkungen wird die Illusion von Bewegung innerhalb eines flüchtigen Augenblicks ermöglicht. Noch deutlicher entfernen sich die Expressionisten vom äußeren Bild der Stadt. Für sie ist der Großstadt-Moloch anziehend und abstoßend zugleich. Die Stadt ist hauptsächlich Bildanlaß. Empfindungen und Erlebnisse werden im Kunstwerk ausgedrückt, nicht sichtbare Situationen aufgezeichnet. Nicht Begegnung mit der Wirklichkeit, sondern die persönliche Entgegnung auf die Verhältnisse der modernen Metropole ist das Leitmotiv für die künstlerische Auseinandersetzung: Zu zeigen, was nicht sichtbar ist, die innere Bewegung, die großstädtische Atmosphäre, den Geruch der Stadt, das ist die Aufgabe der Kunst dieser Zeit.

Können wir heute, neunzig Jahre nach der Entstehung des Expressionismus, eine Brücke schlagen zu diesen in ekstatischer Zeichensprache verfaßten Großstadtporträts? Gibt es einen Weg, die Widersprüche des Lebensgefühls zu begreifen, das viele Menschen in der Zeit um den 1. Weltkrieg empfunden haben?

Sicherlich springt auch heute noch manches expressionistische Großstadtporträt den Betrachter direkt an. Die Handschrift dieser Bilder könnte trotz des zeitlichen Abstands unsere Handschrift sein. Nicht von ungefähr haben die „Neuen Wilden" in den Achtziger Jahren aus diesem Zeichenrepertoire geschöpft und ihr Publikum gefunden. Wenn wir den „Nollendorfplatz" von Ernst Ludwig Kirchner (siehe Seite 53) betrachten, können wir uns die Metropole Berlin am Beginn des 20. Jahrhunderts gut vorstellen. Die beinahe zusammenstoßenden Straßenbahnen im Bildmittelpunkt geben uns einen Begriff von der überwältigenden Gewalt der neuen, elektrifizierten Verkehrsmittel. Sie bestimmen nun das Geschehen auf der Straße. Die Menschen sind nur noch Passanten, die auf das Trottoir zurückgedrängt werden. Alles bezieht sich auf die schnelle Technik, selbst die Häuser nehmen ihre Farbe an. Die Fußgänger erscheinen als Staffage des eigentlichen Lebens, das sich auf der Straße abspielt. Dies und noch mehr weiß der Kunstbetrachter zu deuten, wenn er sich Zeit nimmt zu sehen und Bezüge zum kulturellen Hintergrund des Expressionismus aufzunehmen vermag. Wer allerdings solche Kenntnisse nicht besitzt, mag zwar von der Bewegung in diesem Gemälde gefesselt sein. Aber um zu verstehen, warum Kirchner zu diesem Bild bewegt wurde, muß der Betrachter versuchen, jene Sinneseindrücke nachzuempfinden, die die Künstler am Anfang des 20. Jahrhunderts dazu getrieben haben, das Lied der Großstadt staccato zu schreien, es grell und künstlich auf die Leinwand zu bringen.

Solche Fragen hat die Kunstgeschichte untersucht. Man kann sie von Fachleuten beantworten lassen oder sich in einer Bibliothek über den Maler und sein Werk informieren. Da es uns aber am Herzen liegt, den Zugang zur Kunst nicht nur über den wissenschaftlichen und sprachlichen Diskurs, sondern ebenso durch das handelnde Tun zu eröffnen, zeigen wir den Weg vom Stadtbild zur Inspirationsquelle eines Bildes oder umgekehrt von der Stadt zur Kunst.

Vom Bild zur Stadt

Im Seminar „Wandel der Großstadt, Wandel des Lebens - Die Kunst hält Berlin einen Spiegel vor" haben wir die Teilnehmerinnen und Teilnehmer aufgefordert, nach der Betrachtung des Bildes „Nollendorfplatz" von Kirchner vor Ort Spurensuche zu betreiben. Es sollte herausgefunden werden, was Kirchner zu diesem Bild bewegt haben könnte, welchen Standpunkt er eingenommen hat, welche Bildelemente heute noch sichtbar sind, wie sich die Atmosphäre verändert hat, was heute noch in ähnlicher Weise erlebbar ist. Außerdem sollten Recherchen zur Geschichte des Platzes gemacht werden. Denn schließlich befand sich mit dem Piscator-Theater hier nicht nur eine der spannendsten Bühnen der Zwanziger Jahre, vielmehr wohnten am Nollendorfplatz in der Zeit vor dem 1. Weltkrieg Künstler wie Max Beckmann, Else Lasker-Schüler und Lesser Ury. Und rundherum gab es zahlreiche Lokale, Kneipen und Etablissements.

In kleineren Gruppen machten sich die Beteiligten auf die Spurensuche. Sie lokalisierten die im Bild festgehaltenen Straßenführungen, den Brückenbogen der Hochbahn, das Eckhaus. Erst nach längeren Diskussionen und Positionsveränderungen konnte in etwa der erhöht gelegene Blickpunkt Kirchners geortet werden. Während eine Gruppe die aktuelle Platzsituation fotografisch und auf

Video festhielt, machte eine andere Tonaufnahmen vom Stadtverkehr, eine dritte beschrieb ihre Eindrücke in kurzen Texten und Gedichten. Plötzlich wurde der Platz in seiner gegenwärtigen Widersprüchlichkeit präsent: das Brausen der Fahrzeuge, das Kreischen der ankommenden U-Bahn, aber auch die städtische Tristesse, die sich seit dem 2. Weltkrieg hier verbreitet hat und die konträr zur Lebendigkeit des Kirchner-Bildes steht.
Später, bei der Analyse der gesammelten Dokumente und beim Vergleich mit historischen Fotos, bestätigte sich die Empfindung, daß inzwischen tatsächlich eine andere Welt hier Einzug gehalten hat. Die sprudelnde Metropole, die aus dem Gemälde zu springen scheint, ist abgelöst durch eine nicht minder erregende Großstadtwelt, in der aber Anonymität und Vereinzelung an den Klingelanlagen der Wohnbauten, den Graffitis und den weggeworfenen Dingen ablesbar sind.

Bei dieser Rezeptionsform von Stadtbildern ist es wichtig, daß erkennbare Parallelen zwischen Bildwirklichkeit und Stadtszenerie vorhanden sind.
Es werden Brücken geschlagen, die das Stadtporträt der Gegenwart mit dem historischen Stadtporträt verknüpfen. Für den Expressionismus bietet es sich z. B. an, die extreme Subjektivität zum Leitfaden für die weiteren Aufgaben zu machen. Alles, was gesammelt, recherchiert und dargeboten wird, geschieht äußerst emotional. Dinge, Geschichte und Erfahrungen werden zu Blickpunkten des sinnlich aufgeheizten Verhältnisses von „Ich und die Stadt".
Aus Fundstücken entsteht eine Assemblage, die mehr über den Zustand des Platzes verrät, als viele Erklärungen. Der in einem Gemeinschaftsbild überzeichnete Blick durch den Bogen der Stadtbahn auf die Zeugnisse des Massenwohnungsbaus offenbart das, was Alexander

Mitscherlich einmal die „Unwirtlichkeit der Städte" genannt hat. Die Momentaufnahme der heutigen Stadt erhält somit einen Charakter, der stellvertretend für die Sicht der Künstler des Expressionismus steht.

Tips für Teamer

- Kulturhistorische und stadtgeschichtliche Recherchen (Dokumente, Fotos usw.)
- Erkundungen über den heutigen Zustand
- Beschaffung der Materialien für die späteren Stadtaktivitäten: für alle Beteiligten je eine Abbildung des Kunstwerks, Zeichenmaterialien, Klemmbretter, Fotoapparat - evtl. Sofortbildkamera, Diafilme, Kassettenrecorder mit Kassetten, Tragetüte für Fundstücke

Anleitung

1. Betrachten und Besprechen des Kunstwerks im Museum
Dazu können auch Skizzen (Form, Farbe, Linien, Schwerpunkte...) gemacht werden.
Kunst- und kulturgeschichtliche Informationen

2. Aufgabe:
Gehen Sie mit den Eindrücken, die Sie vom Stadtbild im Museum gewonnen haben, an den Originalschauplatz. Versuchen Sie, mit den Blicken der Künstlerin/des Künstlers zu sehen.
Suchen Sie den Punkt, den der Künstler eingenommen hat. Vergleichen Sie das, was im Kunstwerk dargestellt ist, mit der heutigen Situation.
Gehen Sie auf Spurensuche. Versetzen Sie sich in die Rolle der Künstlerin/des Künstlers und versuchen Sie, mit ihren/seinen Empfindungen den gegenwärtigen Zustand des Ortes festzuhalten. (Dies kann durch No-

tizen, kurze Texte, Zeichnungen, Fotografien, Tonaufnahmen usw. oder durch Fundstücke geschehen, die während der Spurensuche gesammelt werden.)
Ergänzend bietet es sich an, historische Recherchen in Stadtbibliotheken, Archiven, Museen zum bezeichneten Ort zu machen, zeitgenössische Gedichte, Fotos usw. zusammenzutragen.

3. Vorstellen der Eindrücke, Dokumente, Sammelstükke in der Seminarwerkstatt

4. Kreation von neuen, durch den Blick des Künstlers angeregten und zugleich persönlichen Stadtansichten, Installationen, Aktionen zur Gegenwart

Von der Stadt zum Bild

So wie es möglich ist, vom Stadtbild zur Inspirationsquelle eines Kunstwerks zu gehen, kann auch der Weg von der Stadt zum Bild eingeschlagen werden. Allerdings sind die Ergebnisse beider Methoden verschieden. Während im ersten Fall nachträglich im ästhetisch-schöpferischen Tun das Verhältnis zum Werk vertieft wird, tritt jetzt die direkte Konfrontation der gegenwärtigen Stadt mit der historischen Stadtansicht in den Vordergrund. Der Ausgangspunkt ist die Stadt, wie sie ist, wie wir sie gegenwärtig wahrnehmen, nicht wie sie war bzw. wie ein Künstler sie gesehen hat. Erst nachdem die Teilnehmer einer Werkstatt sich ein Bild vor Ort gemacht haben, kommen sie ins Museum, erleben sie die Unterschiede zwischen den Eindrücken und Aufzeichnungen der aktuellen Situation und dem bis dahin unbekannten Kunstwerk. Die Erfahrung zeigt, daß gerade überraschende Ereignisse (Streit zweier Passanten), zufällig Gefundenes (Pumps) oder spontane Inspiration (Herstellen einer

Frottage von einer steinernen Brunnenwand) bei der Spurensuche die darauffolgende Begegnung mit der künstlerischen Darstellung zu einem nachhaltigen Erlebnis werden lassen.

In der Werkstatt „Ich und die Stadt" haben wir die Reise von der Stadt ins Museum unternommen. Ausgangsort waren vier verschiedene Plätze in Berlin, der Mehringplatz, der Nollendorfplatz, der Pariser Platz und der Schloßplatz; Zielpunkt war die Alte Nationalgalerie, in der Gemälde von diesen Plätzen ausgestellt waren. Mit der Instruktion, subjektive und zufällige Eindrücke an den realen Plätzen zu sammeln, machten sich kleinere Gruppen auf die Spurensuche, ausgerüstet mit Schreibzeug, Kassettenrecordern und Kameras. Jeder der Plätze hatte im Laufe der Geschichte unterschiedliche Entwicklungen durchlaufen. Ihre Bedeutung und Funktion hat-

Zeitbrücke: Fundstücke vom Originalplatz (1994) vor dem Originalgemälde (1914) abgelegt

Lovis Corinth, Schloßfreiheit in Berlin, gesehen von der Darmstädter Bank aus, 1923, Staatliche Museen zu Berlin - Preußischer Kulturbesitz, Nationalgalerie

ten sich aufgrund von politischen und planerischen Entscheidungen zum Teil drastisch verändert.

Die Tonaufzeichnungen am Schloßplatz vor dem Palast der Republik waren für alle verblüffend. Denn obwohl die Straße 'Unter den Linden' sehr nah erscheint, dominierten nicht die Verkehrsgeräusche, es waren vor allem Vogelgezwitscher und vereinzelte Schritte zu hören - ein in akustischer Hinsicht eher abgeschiedener Ort. Ein Teilnehmer fand hier einen Schnipsel einer Buchseite, offensichtlich den Ausriß einer Partitur, auf dem sich das Wort „Divertimento" mehrmals wiederholte. Dies bedeutet musikalisches Zwischenspiel. Mit welcher Art von „Zwischenspiel" haben wir es an diesem Ort heute zu tun?

Später im Museum ließ die Gruppe die Geräuschaufnahmen vom Platz vor dem Bild „Schloßfreiheit in Berlin" von Corinth spielen. Danach intonierte ein Teilnehmer, passend zur schrägen Schloßansicht, das gefundene „Divertimento" in einer rhythmischen Performance.

Unterstützt durch die Teamer entwickeln die Teilnehmer der Aktion Ideen, wie sie ihre Stadterfahrungen und die Ergebnisse der Spurensuche in Beziehung zur künstlerischen Stadtansicht setzen können. Tonfetzen, Bildfetzen, objets trouvés, Bruchstücke des Lebens, der Geschwindigkeit, Wahrnehmungseindrücke von Architektur, vom Verschwinden geschichtlicher Spuren stimulieren genauso wie die Beobachtung der Gegensätze zur genauen Betrachtung des Kunstwerks. Sie regen zum Vergleich von aktueller und künstlerischer Stadterfahrung an. Die so gemachten Entdeckungen bilden die Basis für die anschließende Präsentation im größeren Kreis.

Tips für Teamer

- Recherchen zum Kunstwerk, zu kultur- und stadtgeschichtlichen Hintergründen
- Information des Museums (Leitung, Aufsicht) über beabsichtigte Veranstaltung
- Bereitstellung der benötigten Geräte und Materialien: Zeichenmaterialien, Klemmbretter, Kassettenrecorder, Tragetüte für Fundstücke

Anleitung

Wir besuchen Plätze und Orte, deren Bilder wir später im Museum sehen werden.
Nehmen Sie den Ort wahr, wie er ist. Achten Sie auf topographische Besonderheiten.
Setzen Sie sich den Sinneseindrücken aus.

Prägen Sie sich eine imaginäre Bühne des Platzes ein, sie kann mit der Bildbühne im Museum kommunizieren. Stellen Sie Gesehenes, Gehörtes, Gedachtes, Gesprochenes und Gefundenes sicher.
(Zum Festhalten Ihrer Eindrücke können Sie das ganze Arsenal der Geräte und Materialien benutzen, das wir Ihnen mitgeben.)
Sie haben für die Stadtrecherche 1 1/2 Stunden Zeit. Um ... Uhr treffen wir uns in der Eingangshalle des Museums.

Kunstpatenschaften

Patenschaft, das heißt, eine besondere Verantwortung für ein Patenkind zu übernehmen. Kunstpatenschaft, wie sie hier vorgeschlagen wird, das heißt, eine intensive Beziehung zu einem einzelnen Kunstwerk im Museum einzugehen. Diese Beziehung kann und darf auch dauern. Dies ist allerdings das Gegenteil eines kulturellen Schaufensterbummels, das Gegenteil des eiligen Museumsbesuchs, bei dem die Besucher, um nur ja nichts zu versäumen, das Museum wie eine Rennstrecke durchhasten. Weniger ist manchmal mehr. An einer Stelle in die Tiefe zu gehen, diese Methode vermittelt oft genauere Einsichten in ein Thema, als der alles erfassen wollende Überblick. Bei einer Kunstpatenschaft kommt es darauf an, einen individuellen Bezug zu einem Exponat herzustellen. Dieses Konzept favorisiert bereits bei der Auswahl den persönlich motivierten Zugriff, nicht das Sich-Verlassen auf einen scheinbar gültigen Kulturcodex. Die Bedeutung oder der Bekanntheitsgrad eines Kunstwerkes bzw. eines Künstlers spielen keine Rolle.

Wer sich auf das Experiment der Kunstpatenschaft einläßt, darf sich, soll sich auf seine eigene Urteilsfähigkeit verlassen. Er oder sie schlendert mit frei-flottierender Aufmerksamkeit bzw. einer absichtlichen Unaufmerksamkeit durch die Ausstellungsräume des Museums. Die Suche gilt dem Kunstwerk, das am meisten Interesse erweckt, anspricht, anzupft oder anzieht. Das Finden des entsprechenden Kunstwerks wird auf diese Weise nicht gelenkt, sondern subjektiv, situativ, spontan sein. Es wird „mein persönliches Kunstwerk" sein.

Ein „Patenschaftstext" soll diese erste Konfrontation mit einem Gemälde, einer Plastik oder Skulptur manifestieren. Darin können die persönlichen Motive, Einstellungen, Geisteshaltungen, Interessen reflektiert werden. Dies kann ein Gedicht sein, ein Brief, ein innerer Monolog, ein Dialog usw. Je nachdem, auch hier spielen die persönlichen Vorlieben eine Rolle. Da die Beschäftigung mit unserem „Patenkind" über einen längeren Zeitraum erfolgen soll, können unsere schriftlichen Eindrücke später auch ergänzt und vertieft werden. Durch die intensive Beschäftigung entsteht eine starke Identifikation mit dem Kunstwerk. Die ständige Konfrontation mit der Gruppe stimuliert dazu, mehr und mehr über das „eigene Werk" zu wissen, zu forschen, mitzuteilen: Jeder wird zum Advokaten, zum Sprecher, zum Experten seines „Patenkindes".

Unsere beiden Beispielstexte von Teilnehmern aus der Seminarreihe „Fenster zur Kunst" zeigen zwei unterschiedliche Möglichkeiten des persönlichen Zugangs zu Kunstwerken. Einmal werkimmanent: die intensive Beschäftigung mit einer Arbeit durch den Entwurf eines fiktiven Gesprächs. Zum anderen, der Zugang zu einem Kunstwerk durch die sehr persönliche Wahrnehmung der räumlichen Gegebenheiten in einem Museumsraum und deren In-Beziehung-Setzen zu Details des Kunstwerks, zugleich als Anregung für andere Besucher.

Text zu Naum Gabo, Raumkonstruktion: Hängend, ca. 1957 / 1965, Berlinische Galerie:

Nylonfaden, Bronzebogen und Aluminiumsockel sagen sich „Gute Nacht"

B: Na, das war ja wieder mal ein Tag heute. Nun wird's aber auch Zeit, daß die hier endlich schließen.
N: Ja, mindestens hundert Besucher habe ich gezählt, die stehenblieben und sich an meiner Schönheit sattsahen.
A: Ach, das waren doch höchstens zehn, und die sahen nicht glücklich, sondern eher hilflos aus. Denn Schönheit allein reicht heute nicht mehr aus. Die Dinge müssen auch einen tieferen Sinn haben, eine Bedeutung, eine Botschaft aussenden. Aber unsereins hat nicht mal einen richtigen Namen: „Raumkonstruktion: Hängend" - was ist denn das für ein

Naum Gabo, Construction in Space: Suspended, ca. 1957/ 1965, Berlinische Galerie, Landesmuseum für Moderne Kunst, Photographie und Architektur

Titel? Nichts, woran sich die Gedanken des Betrachters heften könnten, kein Hinweis darauf, was Herr Gabo bei der Arbeit im Sinn hatte. Eine reine Verlegenheit dieser Titel.
N: Du verstehst eben nichts von Kunst, schon gar nichts von abstrakter, ungegenständlicher Kunst. Ich bin kein Kind des Zufalls, sondern Ergebnis genauester Planung. Nur kann man das, was ich darstelle, nicht in schnöde Worte fassen, denn ich verkörpere Leichtigkeit und Ausgewogenheit, den Wohlklang vollendeter Formgebung. Ich brauche keinen Umweg über irgendwelche Gegenstände, um mich mit meinem Publikum auszutauschen, ich wirke auf Gefühle, auf Gedanken. Sieh mich doch an! Ich bin leicht und luftig, konstruiert aus transparenten Materialien. Im Grunde bin ich immateriell, aufgelöst ins rein Symbolische. Und hier kommuniziere ich auch mit meinem Publikum. Ich biete Resonanzfläche für eigene Gedanken, Träume, den Wunsch nach Unbeschwertheit und Harmonie. Stell Dir doch die Leute vor, die hier täglich vorbeikommen. Gerade eben dem Tosen der Straße entkommen, dem Hämmern, Klappern, Kreischen unzähliger Maschinen. Rundherum Funktionalität.
Und dann treffen sie auf mich, ein luftiges Gebilde aus edlem Material, schlicht, ausgeglichen, leise. Ich erwarte nicht, daß meine Betrachter irgendetwas Bestimmtes in mir erkennen. Und obwohl ich als Konstruktion bezeichnet werde, habe ich keinen rechten Winkel an mir, sondern nur fließende Übergänge, von einer Flanke des Dreiecks zur anderen.
A: Da sieht man es mal wieder, Du sprichst nur von Dir als Hauptattraktion. Natürlich gibt es hier auch rechte Winkel. Vier, um genau zu sein - und zwar bei mir hier unten.
N: Entschuldige bitte, das hatte ich völlig vergessen. Doch Du mußt zugeben, daß Du gar nicht so richtig dazugehörst zu Gabos Kunstwerk. Schließlich ist hier von einer hängenden Konstruktion die Rede, und da bin ja wohl eindeutig ich gemeint. Auch sind die Scheinwerfer absichtlich auf mich ge-

richtet. Sieh doch nur, wie sich das Licht in meinen farblosen Fäden verfängt, wie ich mit ihm spiele, wie es in mir ein seidiges Schimmern erzeugt. Ich bin ein Kunstwerk par excellence, kein Gebrauchsgegenstand. Meine Ausstrahlung ist in höchstem Maße poetisch, sinnlich.
A: Laß endlich das schwärmerische Gefasel! Selbstverständlich gehöre auch ich zum Kunstwerk. Ohne mich könntest Du da oben weder die Höhenluft genießen, noch frei reden. Und nur, weil ich eine klare Funktion habe, heißt das lange nicht, daß ich nicht auch zum Gesamteindruck beitrage, den Du eben so wortreich beschrieben hast. Wenn ich nun nicht aus Aluminium, sondern aus rissigem Holz geschnitzt wäre? Oder ich wäre kein Rechteck, sondern amorph? Dann wäre es geschehen, um die glänzende Schönheit. He, Bronzebogen, wach auf, schließlich bist Du auch ein Funktionsträger. Da könntest Du mich ruhig mal unterstützen, während Du unsere „Schwerelosigkeit“ in die Höhe stemmst.
B: Was bestimmt kein Zuckerschlecken ist, das kannst Du mir glauben. Der Staub auf den Fäden wird von Tag zu Tag dicker und schwerer. Aber jetzt laßt mich endlich schlafen, ich bin müde.

(Annette Hoff)

Gedanken zu Stanislav Kubicki, Kirchturm vor aufgehender Sonne, 1919, Berlinische Galerie:

Liebe Kunstfreunde!

Begeben Sie sich zum hier skizzierten Standpunkt im nordwestlich gelegenen Eckraum der Berlinischen Galerie.

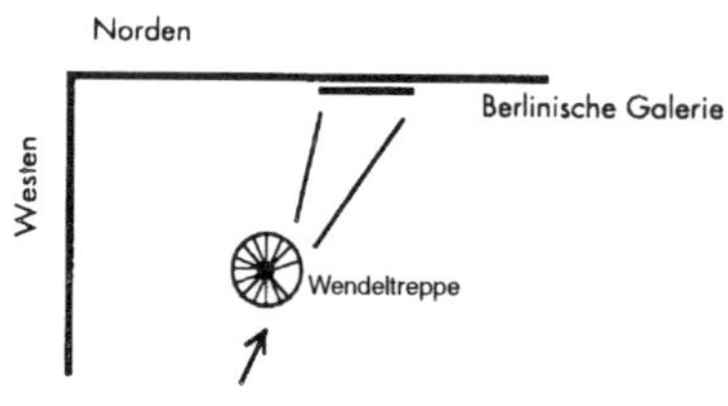

Stanislaw Kubicki, Kirchturm vor aufgehender Sonne, um 1919, Berlinische Galerie, Landesmuseum für Moderne Kunst, Photographie und Architektur

Bleiben Sie vor der Wendeltreppe stehen.
Blicken Sie durch die Treppenstufen auf das Ölgemälde direkt unter dem Fenster.
Lassen Sie Ihre Gedanken spielen...
Begeben Sie sich von Ihrem jetzigen Standpunkt so weit nach links, daß das Treppengeländer parallel zur Diagonalen im Ölgemälde mit dem Kirchturm verläuft.
Zufall?

Sehen Sie jetzt das Bild mit anderen Augen?
Hat Sie die Wendeltreppe vorhin beim Betreten des Raumes gestört?
Stört sie Sie jetzt?
Jedenfalls bietet die Treppe Ihnen die Möglichkeit, alle Bilder in diesem Raum aus unterschiedlichen Blickwinkeln zu betrachten.
Steigen Sie doch einfach mal die Stufen empor.

(Uwe Heiden)

Wichtig ist vor allem, daß wir unsere ersten Texte öffentlich machen, das heißt, sie in der Seminargruppe vorlesen. Dadurch kommt es auch zu einem Austausch der Einschätzungen und Meinungen; Wahrnehmungen können modifiziert werden. Dies ist zugleich eine Form der „etwas anderen Führung" durch eine Ausstellung. Wir machen auf sehr persönliche Weise die anderen Teilnehmer mit einem Kunstwerk bekannt und lernen deren Objekte genauso kennen.

Eventuell kann sich die Lust an einem solchen Experiment auch auf die Museumsmacher übertragen. Die beteiligten Seminarteilnehmer bzw. Museumsbesucher produzieren durch ihre intensive Auseinandersetzung mit den Kunstwerken einen eigenen Beitrag zur Kunst im Museum. Sie erweitern die Facetten des Kunstverständnisses/der Kunstgeschichte durch ihre individuelle Sehweise. Durch solche Ergebnisse (zum Beispiel präsentiert als Besucherkatalog) können andere Museumsbesucher durchaus motiviert werden, ihr persönliches Kunstwerk im Museum zu suchen und ihm näher auf den Leib zu rücken (Kunstpatenschaft). Dies entspräche dem Prinzip eines „Museums der tätigen Aneignung". Einzelbesucher blieben nicht anonym, sondern könnten sich in ein Netz von aktiven Museumsbenützern einspannen.

Anleitung

Jeder/jede sucht sich ein Kunstwerk aus, mit dem er/sie sich intensiver als mit den anderen auseinandersetzen möchte. Lassen Sie sich von Ihren persönlichen Vorlieben, Ihren momentanen Eingebungen leiten, suchen Sie das Kunstwerk, das Sie am meisten anzupft. Für dieses Bild, diese Skulptur übernehmen Sie die Patenschaft. Lassen Sie sich von Ihrem Kunstwerk zu einem Text animieren. Schreiben Sie z. B. einen Brief an die Künstlerin, die es produziert hat („Liebe Hanna Höch"), machen Sie ein Gedicht auf den Künstler und sein Werk, formulieren Sie einen inneren Monolog einer dargestellten Figur oder einer Form (das scheinbar überlagerte Quadrat spricht), entwerfen Sie einen Dialog zwischen sich und dem Bild, schreiben Sie den Text, der zu Ihnen paßt. Höchstens zwei DIN A 4-Seiten. Den Text können Sie auch beim nächsten Treffen vorlesen. Ihren Beitrag und auch alle späteren Ergänzungen (Tagebuchnotizen, Bildsequenzen, Collagen, Ergebnisse ihrer weiteren Recherche) werden wir diskutieren. Dieses Kunstwerk soll Sie während des gesamten Seminars begleiten. Falls Sie Fragen haben, können Sie sich auch an die Teamer bzw. Museumsmitarbeiter wenden. Sie können in das Museum gehen, so oft Sie wollen. Dazu erhalten Sie einen besonderen Ausweis, den uns die Museumsleitung für dieses Projekt zugesagt hat. Am Ende des Seminars präsentieren Sie Ihr Patenkunstwerk mit Ihrer Kunstrezension in einer gemeinsamen Broschüre. Entwickeln Sie Ihre individuellen Wege zum Kunstwerk und zum Künstler.

Das Prinzip der „Kunstpatenschaft" prägt auch den Katalog „Berliner Kunstwerke" der Berlinischen Galerie. Hier haben Prominente, vom Verleger über den Bildhauer, von der Journalistin bis zum Rockstar zu einer Arbeit ihrer

Wahl aus den Beständen der Galerie einen Text verfaßt, ein Gedicht geschrieben, Erinnerungen oder Mutmaßungen festgehalten. Gerade die unterschiedliche Couleur eines solchen Kataloges macht ihn zum spannenden Leseabenteuer.

Variation

„Kunstpatenschaft“ als eigene Seminareinheit mit Veröffentlichungen in einer Zeitungskolumne.

Postkarte an sich selbst

Exemplarischer Vorschlag für die Einrichtung eines dauerhaften Animationsangebots für Besucherinnen und Besucher in einem Museum

Im Eingangsbereich (Kasse, Garderobe) wird deutlich sichtbar (graphisch eindeutig und architektonisch professionell) auf die Aktion aufmerksam gemacht. Zum Beispiel durch die Installation eines Stehpultes, einer Staffelei o. ä.
Slogans etwa:
„Museumsbesuch einmal anders für 80 Pfennige extra“...
„Ihr ganz persönliches Kunsterlebnis“...
„Haben Sie schon einmal an sich selbst geschrieben?“...

Am Pult oder der Staffelei werden, animativ ansprechend, Postkarten und Laufzettel für die Aktion angeboten.
Der Laufzettel erklärt das Spiel.

Anleitung
Laufzettel-Text

Die auf den Postkarten abgebildeten Kunstwerke befinden sich hier im Original. Entscheiden Sie sich für

die Postkarte, deren Abbildung Sie am meisten anspricht, nehmen Sie die Karte in die Ausstellungsräume mit und suchen Sie das entsprechende Kunstwerk im Original.
Schreiben Sie dann direkt vor „Ihrem“ Kunstwerk eine Postkarte an sich selbst.
Schreiben Sie die Assoziationen (die momentanen Einfälle) auf die Karte, die Ihnen beim Betrachten des Bildes durch den Kopf gehen. Denken Sie gar nicht an „richtig“ oder „falsch“, geben Sie Ihren momentanen Eindrücken eine Chance. Einzelne Worte, halbe Sätze, „verrückte“ Ideen, alles gilt.
Schreiben Sie die Postkarte einfach voll.
Adressieren Sie die Karte schließlich an sich selbst, vergessen Sie das Datum nicht und werfen Sie die Karte im Foyer in den vorbereiteten Briefkasten. Wir schikken sie nach drei Wochen „Kompostierungszeit“ ab. Sie werden dann bestimmt überrascht und erstaunt über Ihren eigenen Text sein.

Zusätzlich würden wir uns freuen, wenn Sie Ihren vor dem Bild entstandenen Text (oder Teile davon) auch in das im Foyer (am Pult, an der Staffelei) ausliegende Buch „Besucherblicke“ notieren würden. So entsteht im Lauf der Zeit ein neues Rezeptionswerk aktiver Museumsbenützer.

Variation (neutrale Postkarten):

Der Text des Laufzettels lautet ähnlich wie oben. Bei einer neutralen Postkarte bietet sich an, den Besucher zu animieren, durch die Galerieräume zu schlendern und sich dem Kunstwerk zu widmen, das spontan am stärksten anregt, „anzupft“. Hier sollten die Besucher auch alle Daten zum Kunstwerk auf ihren Karten notieren.

Zusätzlich könnte hier das Spiel mit dem „persönlichen Gegenstand“ als Animation dienen. Der Besucher (die Besucherin) greift vor dem Gang in die Galerieräume in die eigene Hosentasche, Manteltasche, Handtasche und läßt sich vom dort gefundenen Gegenstand zu dem Kunstwerk führen, zu dem der Gegenstand paßt, wo er hin will, wo er hingehört. Das Schreiben der Postkarte funktioniert dann wie oben: also Notieren der spontanen Einfälle vor dem Bild, Zurücklassen der Postkarte im Briefkasten der Museumspädagogen und der Wunsch nach Notizen im Besucherblicke-Buch.

Kunst mit den Zähnen beißen

Die kreative Begegnung mit der Kunst vertieft das Kunsterlebnis. Sie erhöht die Aufmerksamkeit, da das Individuum mit seiner Persönlichkeit, seinen Erfahrungen und Fähigkeiten aktiv in den Wahrnehmungsprozeß einbezogen ist. Im lustvoll-ernsten Spiel erschließen sich nicht nur neue Dimensionen der Kunst, sondern auch die eigenen schöpferischen Möglichkeiten. Wer auf diese Weise Kunst kennengelernt hat, ist nicht selten motiviert, etwas mehr von der Kunst zu sehen und zu hören, in ihr Inneres vorzudringen. Nach einer unterhaltsamen und wohlschmeckenden Vorspeise wünscht mancher ein richtiges Menü Kunst mit allen Raffinessen. Wir erfüllen diesen Wunsch. Die Kost, die wir bieten, ist eine Mischung aus Kreativaktionen, Forschungen zum Entstehungsprozeß der Kunst und persönlich beflügelten Beiträgen zur Kunst. Im Vordergrund steht weniger die momentane Antwort auf Rätsel, die die Kunst aufgibt; vielmehr geht es nun darum, sich ganz auf die Kunst einzulassen, mit den Augen der Kunst sehen zu lernen, sie mit den Zähnen zu beißen. Diese Annäherung an Kunst braucht Zeit und Raum. Sie sollte gut vorbereitet sein, und sie sollte auch eine Perspektive haben. Der Weg, den wir dafür vorschlagen, ist die Installierung von Kunst- und Museumsprojekten.

Projektarbeit im Museum

Vorschläge zur Strukturierung von Intensivwerkstätten

Es gibt mannigfache Spielarten für Kunstprojekte im Museum. Jedes Projekt hat seinen spezifischen Charakter, der vor allem durch das Thema geprägt wird. Eine Werkstatt zu Dada sieht natürlich anders aus als eine Werkstatt zum Bauhaus. Während im ersten Fall der Unsinn Sinn machen kann und vielleicht dem Zugang zum Dadaismus die besondere Note verleiht, lassen wir uns bei der Gestaltung eines Bauhaus-Seminars von den am Bauhaus entwickelten Ideen leiten. Wie das gemacht werden kann, werden wir exemplarisch zeigen. Der Aufbau einer Projektwerkstatt im Museum könnte folgendermaßen aussehen:

1. Projektvorbereitung durch die Teamer
2. Einstieg, Orientierung und erste Arbeiten
   - Einführung und Motivation
   - Erster Museumsbesuch
   - Expertenführung durch das Museum
   - Individuelle Museumsrecherchen
   - Themenwahl
   - Ideen finden durch Brainwriting
   - Vorschläge auf dem Prüfstand
   - Vorstellung der Ideen bei der Museumsleitung
3. Realisierungsphase
   - Recherchen und Entwürfe
   - Konzeption
   - Umsetzung der Konzeption
4. Präsentation und Erprobung der Arbeitsergebnisse im Museum

Projektvorbereitung durch die Teamer

Am Anfang einer Projektwerkstatt zur Kunst steht die kreative Auseinandersetzung mit der Kunst. Die Initiatoren schauen sich die Kunstwerke im Museum wiederholt an. Sie recherchieren in den Bibliotheken und Archiven, sie sammeln Materialien, Dokumente, Fotos, die sie später für ihr Projekt brauchen. Vor allem aber lassen sie sich von der Kunst inspirieren. Manches, was später im Projekt stattfindet, hat zunächst einmal seinen Ursprung in der Fülle der Ideen, die hier freigelegt werden. Es wird ein Rahmen abgesteckt, innerhalb dessen die Teilnehmer ihre eigene Kreativität entfalten und die Projektperspektive entwickeln.

Neben dem behandelten Thema ist es immer auch notwendig, sich mit dem Museum als Ort selbst zu beschäftigen. Sehr nützlich sind Recherchen über die Sammlungsbestände und die zentralen Themen des Museums. Sinnvoll ist auch die Beschäftigung mit der Geschichte, der Architektur, besonders der Innenarchitektur, und den Angeboten des Hauses. Die Hinweise in den Ausstellungsräumen, die eingesetzten Medien, die Verkaufsstände für Bücher u. a. können auf ihre Bezüge zur Ausstellung untersucht werden. Sind sie unterhaltend, sind sie spannend und informativ, klären sie auf? Wie werden Besucher angesprochen? Werden sie angeregt, sich näher mit bestimmten Fragen auseinanderzusetzen? Gibt es eventuell Barrieren, die den Zugang zu den Kunstwerken erschweren, z. B. durch schwer verständliche Texte, durch Gebote und Verbote, schlechte Lichtverhältnisse, Spiegelungen in den Bildern oder voreilige Zurechtweisungen durch Aufseher? Das Wissen darüber vermittelt eine Orientierung, die besonders dann unentbehrlich ist, wenn die Projektgruppe im Museum über einen längeren Zeitraum agieren und eigene Ideen umsetzen will.

Schließlich gilt es, die Fragen zu klären, die den Museumsbesuch und die Zusammenarbeit mit der Leitung und dem Museumspersonal betreffen. Eine Projektwerkstatt, die im Museum öfter präsent sein will, kann nur in enger Kooperation mit der Museumsleitung und den verschiedenen Mitarbeitern entwickelt werden. Da solche Aktivitäten im Museum eher unüblich sind, ist es eine zentrale Aufgabe, die Ansprechpartner - Leitung, Kustoden, Museumspädagogen und Aufsichtspersonal - über Chancen und Ziele dieses Projekts und den Projektverlauf zu informieren und sie einzubeziehen. Vor allem sollten die Museumspädagogen zur Mitwirkung an der Werkstatt gewonnen werden. Ihre Rolle ist die eines Vermittlers. Es ist ihre Aufgabe, die ausgestellten Museumsstücke „zum Sprechen" zu bringen, „die Kunstwerke wieder an die Lebenspumpen von Blut, Dreck und Wasser anzuschließen" (Eberhard Roters). Zugleich helfen sie, Brücken zwischen dem Publikum und der Museumscrew zu schlagen. Sie kennen einerseits das Museum, andererseits sind sie mit den Bedürfnissen der Museumsbesucher besonders vertraut. Als Mittler zwischen Kunst, Publikum und Museum kann ein Museumspädagoge manche Methoden und Unterstützungsdienste anbieten, die die praktische Auseinandersetzung mit der Kunst im Museum fördern und die Realisierung von Ideen aus dem Teilnehmerkreis ermöglichen. Die Mitarbeit kann von einer fachkundigen Museumsführung bis zur praktischen Unterstützung bei der Umsetzung von Ausstellungstafeln, -installationen, Tonkassetten oder Aktionen im Museum reichen. Nicht zuletzt können Museumspädagogen Hilfestellung für die Gesamtplanung (Organisation, Koordination, Finanzplan, Beschaffung von Geldern) einer solchen Projektwerkstatt leisten.

Einführung und Motivation

Umfang und Intensität der Vorbereitungsphase richten sich nach den Kenntnissen der Teilnehmer. In dieser Phase wird die Lust an der schöpferischen Begegnung mit der Kunst angeregt. Hier können Anregungen aus den Kapiteln „Aller Anfang ist leicht“ und „Wege zur Kunst“ praktiziert werden. Zugleich sollte man die Teilnehmer über Perspektiven, Realisierungschancen und den experimentellen Charakter der Werkstatt informieren.

Erster Museumsbesuch

Die Teilnehmer lernen das Museum im Rahmen der Projektwerkstatt kennen. Sie erhalten eine Einführung in die Geschichte und Besonderheiten des Hauses sowie seiner Sammlungen. Den weiteren Verlauf bestimmen ihre eigenen Blicke und Interessen. Um das Museum kennenzulernen, schreiben sie z. B. ein Elfchen (siehe Kapitel „Elfchen“) oder sie wenden andere der in diesem Buch vorgestellten künstlerisch-kreativen Methoden an. Wichtig ist, daß die Ergebnisse der ersten Museumsrecherchen in der Gruppe „vor Ort“ vorgetragen und besprochen werden.
Eine gute Voraussetzung für eigenständige Recherchen der Werkstatteilnehmer im Museum ist die Regelung des freien Eintritts in das Museum. Der Eintritt sollte frei sein, damit die Teilnehmer unabhängig das Museum besuchen können. Mit dem Hinweis auf den pädagogischen und kulturellen Wert des Projekts wird keine Museumsleitung diesen Wunsch abschlagen. Für die Teilnehmer ist eine solche Regelung ein Privileg, das auch dazu anspornt, sich besonders zu engagieren. Selbsthergestellte individuelle Ausweise der Teilnehmer können diesen Effekt noch steigern.

DADA BLITZ

des nicht eingetragenen Clubs MDada

zur Retrospektive in der Berlinischen Galerie
zu Ehren von
RAOUL HAUSMANN
PRÄSIDENT DER SONNE,
DES MONDES UND DER KLEINEN ERDE (INNENFLÄCHE)

Ausweis der Projektgruppe MDada und Eintrittskarte für das Museum

Expertenführung durchs Museum

Es empfiehlt sich, nach den ersten Museumsbesuchen eine Expertenführung mit einer Kuratorin oder einem Kurator zu veranstalten. Eine Expertenführung erweitert zielgerichtet die Kenntnisse über Sammlungsschwerpunkte, bedeutende Werke und Besonderheiten des Museums. Bei dieser Führung merken die Werkstattteilnehmer, wie sehr sie selbst schon in der Materie stekken, und es können sich interessante Gespräche zu Exponaten und zum Museumsbetrieb entwickeln. Es entstehen erste Kontakte zwischen den Werkstatteilnehmern und Mitarbeitern des Museums. Meist ist es spannend, die Führungsperson nach ihren eigenen Lieblingskunstwerken und ihrer speziellen Aufgabe im Museum zu fragen.

Individuelle Museumsrecherchen

Durch diese Recherchen erhalten die Teilnehmer Gelegenheit, sich in Ruhe das Museum anzuschauen. Für diesen Besuch müssen keine Vorgaben gegeben werden. Als Tip könnte man auf den Weg geben, sich Notizen oder

Skizzen zu einem besonderen Werk, zu einer Epoche oder zu einem Raum zu machen - vielleicht auch zu Museumsräumen, die nicht zu den Ausstellungsräumen gehören wie Caféteria, Buchhandlung, Garderobe, Treppenaufgänge.

Themenwahl

Jedes Museum bietet ein beinahe unerschöpfliches Themenspektrum an. Unterschiedliche Fragen können gestellt werden, die Antworten ändern sich je nach besonderer Perspektive und Zeitgeist. Aus diesem Grund bietet es sich an, zu unterschiedlichen Themen Untergruppen zu bilden. Einmal bringen die Werkstatteilnehmer Interessen und Erfahrungen mit, die im Museum ihren Gegenstand suchen und auch finden wollen. Zum anderen gibt es durch die Kenntnisse, Fähigkeiten und Neigungen der Teamer bestimmte Grenzen. Wir empfehlen, diesen Selektionsprozeß nicht allzusehr auszudehnen. Je nachdem, ob wir es mit einer Gruppe von Erwachsenen zu tun haben, die ihre Freizeitinteressen pflegt, oder mit jugendlichen Schülern, wird die Themenwahl unterschiedlich aussehen. Nach unseren Erfahrungen erhöht sich die Motivation, wenn die Teilnehmer an den wichtigen Entscheidungen mitbeteiligt sind. Dies bedeutet aber zugleich, daß die Themen ausreichend gut aufgearbeitet sind und benannt werden können. Hier ein Vorschlag:
Nach den ersten Museumsrecherchen und der Expertenführung besprechen die Teilnehmer in der Werkstatt ihre Eindrücke und Ergebnisse. Um zu einer Vorentscheidung über die Hauptthemen zu kommen, haben die Teamer eine Tafel vorbereitet, auf der die bei den ersten Museumsbesuchen behandelten Künstler oder Epochen bezeichnet sind. Dazu werden auch Abbildungen gezeigt

(siehe Zeichnung). Außerdem ist genügend Platz für die Nennung von weiteren Themen vorhanden. Sobald das Gespräch über die gemachten Erfahrungen abgeschlossen ist, beginnt der Entscheidungsprozeß über die Schwerpunkte, die die Werkstatt in Zukunft behandeln will. Die Anwesenden tragen nun ihre Namen unter einem der bezeichneten Themen ein. Und, sofern sie kein Thema, keinen Bereich oder kein Kunstwerk finden, das sie besonders interessiert, schreiben sie ein neues Thema in die freigehaltenen Spalten. Auf diese Weise zeichnen sich sehr schnell Vorlieben für ein besonderes Thema ab. Umorientierungen sind selbstverständlich immer möglich. Ist der Prozeß der Themen- bzw. Gruppenfindung abgeschlossen, wird die Werkstatt themenspezifisch und in Kleingruppen fortgesetzt.

Anleitung	**Themenvorschläge für das Museum ...**			
Bildbeispiele		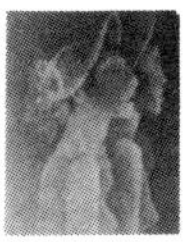	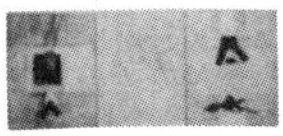	
Museumsabteilung/ Stilepoche Künstler	Dada	Neue Sachlichkeit	Alexander Camaro	Weitere Vorschläge *Wegzeichen*
Teilnehmer/ Teilnehmerinnen (Da nur drei Gruppen vorgesehen sind, verteilen sich die Teilnehmer der kleinsten Gruppe auf die drei größten Gruppen.)	~~*Name C*~~ ~~*Name I*~~ ~~*Name R*~~	*Name A* *Name B* *Name F* *Name M* *Name P* *Name I*	*Name D* *Name K* *Name L* *Name O* *Name S* *Name C*	*Name E* *Name G* *Name H* *Name N* *Name Q* *Name T* *Name R*

Ideen finden durch Brainwriting

Bekanntermaßen ist das Museum ein Ort mit vielfachen Regeln und eingespielten Verhaltensmustern. Gerade weil nicht nur Museumsmitarbeiter, sondern auch Besucher von den spezifischen Museumsverhältnissen „heimgesucht" werden, fällt es manchmal schwer, unfrisierte Gedanken zu äußern. Viele Vorbehalte gegen das Museum blockieren eine offene Rezeption. Trotz zeitgemäßer Veränderungen wird es oft noch als Musentempel wahrgenommen, und nicht als Stätte, an der auch Gegenwartsfragen angesprochen werden.

Das Brainwriting hilft, neue und ungewöhnliche Ideen zu formulieren. Brainwriting ist ein ähnliches Verfahren wie Brainstorming. Anstatt sich jedoch frei flottierende Gedanken zu einem Thema direkt zuzurufen, werden die Ideen beim Brainwriting schriftlich festgehalten. Dadurch gehen wichtige Beiträge nicht verloren, und es entsteht eine Grundlage für weiterführende Diskussionen. Damit beim Brainwriting die Teilnehmer ihre Aufmerksamkeit für Stimulationen von innen und außen öffnen, werden die Schreibaktivitäten in der Runde zeitlich begrenzt. Einschränkende Hemmungen werden abgebaut und machen Platz für das Ungewöhnliche, für die gesuchten Innovationen.

In der Werkstatt „Wegzeichen" wurden mit Hilfe von Brainwriting vielerlei Einfälle entwickelt, die im späteren Verlauf des Seminars realisiert werden konnten. Daneben formulierten Teilnehmer auch fantastische Gedanken wie etwa den Vorschlag, eine Raumbrille und Spezialschuhe zur Sensibilisierung anzubieten oder Farben als Wegmarken auf die Absätze der Besucher zu kleben. Andere oft sehr spannende und durchaus realisierbare Vorschläge mußten später aus zeitlichen, finanziellen oder anderen Gründen verworfen werden (siehe Kapitel „Wegzeichen“). Die geäußerten Ideen werden jedoch nicht vergessen, sondern notiert und bei Gelegenheit ins Spiel gebracht.

Brainwriting nach der Methode 6 - 3 - 5

Bei der Brainwriting-Methode 6 - 3 - 5 ist die Teilnehmerzahl auf sechs Personen begrenzt. Jede Person erhält einen großen Papierbogen (am besten DIN A 3), der in drei mal sechs Felder unterteilt ist (siehe Zeichnung). Für das Notieren von drei Gedankenassoziationen haben die Teilnehmer jeweils fünf Minuten Zeit.

Anleitung

Im Kopffeld dieses Bogens wird das Thema formuliert, das die Aufgabe des Brainwritings kennzeichnet. In unserem Beispiel heißt es, „Neugier wecken für die Kunst in der Berlinischen Galerie“. Schreiben Sie in die drei oberen Felder jeweils eine Idee, die Sie zur gestellten Aufgabe haben. Begrenzen Sie sich mit Ihrem Text auf die vorgegebenen Felder. Geben Sie nach fünf Minuten Ihren Bogen im Uhrzeigersinn an die Nachbarin oder den Nachbarn weiter. Notieren Sie nun in die nächsten drei Felder weitere Ideen zum Thema, wofür Sie wiederum fünf Minuten Zeit haben. Dabei lassen Sie sich jeweils von den Ideen in den darüberliegenden Kästchen inspirieren. Die Bögen werden solange weitergegeben, bis sie wieder am Ausgangspunkt angekommen sind.
Die Ideen und Vorschläge, die Sie entwickeln, müssen nicht unbedingt realisierbar sein. Lassen Sie Ihrer Phantasie freien Lauf. Formulieren Sie, was Ihnen gerade einfällt. Es kann witzig oder ernsthaft sein, sich auf Beobachtungen oder konkrete Gegenstände im Museum zu beziehen, es kann auch frei erfunden sein. Für je drei Ideen haben Sie fünf Minuten Zeit.

Neugier wecken für die Kunst in der Berlinischen Galerie

Ich würde auf die Treppe kurze Texte schreiben, oder legen, die die Besucher mit ins Museum nehmen	Vor einem Spiegel würde ich in Erinnerung rufen, wie die Betrachter sich vor dem Besuch und nachher sehen	Zur Kunst in Berlin fordere ich auf, Bilder zu suchen, die etwas mit dem Haus zu tun haben.
Fußabdrücke auf der Treppe könnten den Weg zur Berl. Galerie weisen	Auf Plakaten, wie Bezug zur [illegible] Ausstellung in Großstädten nehmen, könnte f. die Berl. Galerie geworben werden	
Es bleiben Farben als Wegmarken an Absätzen kleben	Jeder Besucher entwirft einen Slogan für die BG	Jeder trägt „sein" Bild hinaus aus der BG
Vor dem Betreten ~~des~~ jedes Raumes auf Farbe am Absatz achten und nur diesen betreten. (Jeder Raum hat eine andere Farbe)	Im Ausstellungs-Eintritts-preis ist auch ein „Gratis"-Besuch in der Berlinischen Galerie enthalten.	Postkarten pro Raum 1 Karte drucken.
ZUR ZEIT BEFINDEN SICH [301] KUNSTWERKE UND [24] BESUCHER/INNEN IN BG.	Die Berlinische Galerie soll eingemottet werden! Was denken Sie darüber?	Betonung des individuellen statt des massenhaften Kunstgenusses für den Einzelnen
DURCHSCHNITTS-GESCHWINDIGKEIT EINES JEDEN BESUCHERS MESSEN UND AM ENDE BEKANNT-GEBEN	ALLWÖCHENTLICH EIN ANDERES THEMA – Z.B. „LAUTE" BILDER. „FROHE BILDER" – „LEISE BILDER" MIT FARBZEICHEN MARKIEREN	... BG.

Methode 6-3-5

Nach Beendigung des Brainwritings werden alle Bögen vorgelesen. Jedes Gruppenmitglied liest seinen Bogen vor. Da es wichtig ist zu wissen, wie sich die Ideen aufeinander beziehen, werden die Texte Spalte für Spalte von oben nach unten vorgelesen und kurz besprochen.

Variation
Brainscetching

Statt Brainstorming oder Brainwriting kann die Gruppe auch animiert werden, kleine Skizzenfolgen zum gestellten Thema zu entwickeln. Was sonst nur sprachlich oder schriftlich formuliert wird, tritt nun visuell zutage. Auf diese Weise können Anregungen gefördert werden, die sich direkt auf die sichtbaren und auch räumlichen Dimensionen des Museums beziehen.

Vorschläge auf dem Prüfstand

Nach dem Brainwriting werden die Beiträge ermittelt, die am besten zur Lösung der gestellten Aufgabe beitragen könnten. Um diesen Entscheidungsprozeß zu erleichtern, werden zunächst die Vorschläge zusammengefaßt, die aufeinander aufbauen und einander ähnlich sind. Dann erfolgt die Bewertung der Vorschläge nach bestimmten Kriterien. Die Projektgruppe kann fragen:

- Wie innovativ ist eine Idee?
- Ist der Vorschlag dem Thema bzw. Exponat angemessen?
- Ist er realisierbar?

Die Beantwortung dieser Fragen sollte mit der nötigen Gründlichkeit geschehen. Sie erfordert eine Konkretisierung der Ideen und Problemstellungen. Hier können als Zwischenschritt unterschiedliche Annäherungsversuche an die Kunst erprobt werden (siehe Kapitel „Wege zur Kunst“, „Dada“). Die Teamer wirken in dieser Situation als Moderatoren, die den Teilnehmern Mittel an die Hand geben, zu Hause und im Museum weitere Ideen, Informationen und Argumente zum Thema zu sammeln. Denn erst dann, wenn die Beteiligten mehr über den Gegenstand wissen, mit dem sie es zu tun haben, wird der Weg frei für eine Umsetzung der Vorschläge.

Wenn die Vorschläge auf dem Tisch liegen, wird ein erster Entwurf mit Ideenskizzen entwickelt. Dieser Entwurf grenzt das Thema ein. Er nennt die Bereiche im Museum, für die Beiträge entwickelt werden sollen. Und er stellt erste konkrete Beispiele vor. Am besten geschieht das schriftlich und mit ergänzenden Entwurfsskizzen.

Vorstellung der Ideen bei der Museumsleitung

Museumsbesucher haben einen anderen Blick als Museumsmacher. Je anregender die Situation, in der die Kunstrezeption stattfindet, desto besser. Alle äußeren Einflüsse, die diesen Prozeß hemmen, werden als negativ erlebt; sie wirken störend auf Motivation und Befinden des Museumsbesuchers. Je dichter und intensiver Kunst erlebt werden kann, je mehr der Besucher einbezogen wird, desto mehr beginnt er zu verstehen, desto stärker ist die „Vibration“, desto größer der Lustgewinn. Jedes Museum ist bestrebt, seine Exponate dem Publikum darzubieten. Seine vier Hauptaufgaben bestehen im Sammeln, im Bewahren, im Forschen und im Ausstellen. Da ein Museum über die Präsentation seiner Sammlung hinaus die genannten und noch andere wichtige Aufgaben hat, kann es vorkommen, daß das Publikum mit seinen Wahrnehmungsweisen, Verhaltensgewohnheiten, Wünschen und Interessen nicht immer im Mittelpunkt steht. Eine Projektwerkstatt, die im Museum selber aktiv werden will, sollte diese „innerbetrieblichen" Bedingungen, Aufgaben und Ziele des Museums berücksichtigen. Deshalb sollten die Ideenskizzen der Werkstattgruppe schon einigermaßen konkret ausgearbeitet und formuliert sein. Wenn möglich, haben die Teilnehmer auch einige Alternativen ersonnen. Als Richtschnur gilt, daß die Vorschläge nicht endgültig fixiert, sondern offen diskutierbar sind. Die Begegnung mit den Museumsfachleuten sollte deshalb auch als Lernprozeß verstanden und vorbereitet sein, in dem die Partner ihre Ideen und Kenntnisse bzw. Zielvorstellungen miteinander austauschen.

Recherchen und Entwürfe

Die Vereinbarungen mit der Museumsleitung erlauben dann die konkrete Ausarbeitung des weiteren Projektverlaufs. Jede Teilnehmerin und jeder Teilnehmer beginnt nun, ins Innere der Kunst vorzudringen. Wir lassen uns ganz auf die Kunst ein. Persönliche Wege zur Kunst werden entdeckt. Eigene Erfahrungen und Ideen kommen ins Spiel. Für den einen erschließen individuelle Phantasien eine Plastik, der andere vertieft seine Begegnung durch Erkenntnisfragen an die Kunst. Werkstatteilnehmer können angeregt werden, die Beweggründe für die künstlerische Darstellung, das gesellschaftliche oder örtliche Umfeld zu erkunden. Die Kunst fungiert als Ideengeberin. Inspirationen für die schöpferischen Beiträge haben hier ihren Ausgangspunkt. Die Auseinandersetzung mit der Kunst erfolgt durch die Kunst, ihre Geschichte und die eigenen Erfahrungen. Die Kunstwerke selbst bilden den Leitfaden für die folgenden Aktivitäten: Sichten und Sammeln von Informationen, Fotos, Dokumenten, Sammlungsgegenständen usw. Aus dem so gesammelten Material und Wissen entstehen mit Unterstützung der Teamer die ersten Entwürfe für die anvisierten praktischen Beiträge, die im Museum zur Geltung kommen sollen (Mitmachaktionen, Performances, Installationen, Wegzeichen oder weitere Anregungen).

Konzeption

Jetzt entwickeln die Teilnehmer ihre Konzeption. Die konkreten Perspektiven des Projekts werden benannt. Die Konzeption enthält alle wichtigen Daten: Gesamtumfang und einzelne Themenbereiche, Form, Größe und Standort der Aktivitäten, Zeitplan und Finanzierungsplan. Dazu wird festgelegt, wer welche Aufgaben übernimmt. Es empfiehlt sich, kleine und überschaubare Einheiten zu entwickeln, die die Teilnehmer innerhalb einer bestimmten Zeit realisieren können. Die Eckpunkte der Konzeption werden schriftlich festgehalten und in weiteren Gesprächen mit der Museumsleitung abgestimmt.

Umsetzung der Konzeption

Mit der Realisierung ihrer Ideen begeben sich die Teilnehmer einer Projektwerkstatt in die Rolle von Experten. Sie übernehmen damit nicht das Expertenwissen und die Aufgaben von Museumsfachleuten. Aber sie zeigen ihre Kompetenz als Laien, indem sie ihre eigenen Interessen und Wahrnehmungsvoraussetzungen zum Ausgangspunkt ihrer Beiträge machen. Was von Museumsfachleuten gelegentlich überhört oder übersehen wird, kann hier von engagierten Besuchern aufgegriffen werden.

Nicht das Expertenwissen, sondern unvoreingenommene, vielleicht auch „naive" Vorschläge, kommen zum Zuge. Im Museum rückt eine neue Lebendigkeit den „toten" Gegenständen zu Leibe.

Die Umsetzung einer Konzeption erfordert einen Zeitrahmen, der der Ausarbeitung von Ideen genügend Spielraum läßt. Es gilt, das Ziel der konkreten Präsentation vor Augen zu haben, den Zweck und die Mittel zu beachten. Besonders ist es wichtig, Tips und Informationen zur Konkretisierung einzuholen und im Einzelfall Experten zu befragen. Wo z. B. findet man Bildmaterial zum zeitgeschichtlichen Hintergrund eines Kunstwerkes? In welche Richtung sollte recherchiert werden? Wie schreibe ich einen Kurzkommentar? Was könnte mich bzw. andere Besucher motivieren, ein Bild genauer zu betrachten? Welche Stimmung, welche Atmosphäre möchte ich erzeugen? Welche Farbe, welche Größe, wieviel Raum brauchen wir, um die Wahrnehmung von Kunst zu intensivieren?

Jede dieser Aufgaben muß besprochen werden, für jede Aufgabe sollten mit den Teilnehmern Lösungen erörtert und getestet werden. Entscheidend in diesem Stadium ist der gedankliche Austausch zwischen den Teamern und den Teilnehmern. Weder sollten die professionellen Unterstützer zu viel verlangen, noch sollten sie sich auf ein zu niedriges Niveau einpendeln. Vielmehr geht es darum, Ansprüche und Möglichkeiten miteinander in Einklang zu bringen. Das betrifft inhaltliche wie auch gestalterische oder finanzielle Fragen. Wenn z. B. von den Teilnehmerinnen und Teilnehmern zu umfangreiche Beiträge vorgeschlagen werden, die sich auf verschiedenste Themen oder Epochen im Museum beziehen, so besteht die Aufgabe der Teamer darin, die Ideen thematisch und in Bezug auf die Gestaltung zu bündeln. Ist dies gelungen, so werden die Ergebnisse überprüft, überarbeitet und in den Zusammenhang der angestrebten Präsentation gestellt.

Präsentation und Erprobung der Arbeitsergebnisse im Museum

Abgeschlossen wird das Projekt mit der Installation sowie der öffentlichen Präsentation und Erprobung der Arbeitsergebnisse im Museum. Für alle Aktivitäten werden verantwortliche Gruppenmitglieder ausgewählt. Am besten legt man einen Zeitplan und eine Checkliste an, in denen die einzelnen Schritte bis zur Eröffnungsveranstaltung verzeichnet sind. Zu dieser Vernissage können Freunde eingeladen werden oder auch, sofern das beabsichtigt ist, eine größere Öffentlichkeit. Dabei sein sollten auf jeden Fall die Museumsleiterin bzw. der Museumsleiter sowie die Mitarbeiter, die bei der Verwirklichung des Projekts beteiligt waren. Um das Ereignis hervorzuheben, scheut die Projektgruppe keine Mühe und keine guten Einfälle. Es darf bis zuletzt an den Feinheiten gefeilt und schließlich auch gefeiert werden.

Alexander Camaro – ein zeitgenössischer Künstler

Ein gutes Bild trägt ein Geheimnis. (A. Camaro)

Detektiv observiert Detektive der Kunst

Stellen Sie sich vor, eine Gruppe von Seminarteilnehmern der Reihe „Fenster zur Kunst“ wird bei ihren Recherchen zu bestimmten Kunstwerken Alexander Camaros von einem Detektiv beschattet. Offensichtlich bereitet es einem unbekannten Auftraggeber Kopfzerbrechen, daß sich diese Museumsbesucher ungewöhnlich lange um die Geheimnisse in Camaros Kunst bemühen. Im Museum verhalten sie sich auffällig anders als die meisten Besucher, aber auch außerhalb planen sie konspirative, mysteriöse Treffen.
Aus seiner Sicht hat sich ungefähr folgendes abgespielt:

Es war gegen elf Uhr morgens, Mitte November, ein Tag ohne Sonne und mit drohenden Wolken, was klatschkalten Regen verhieß.
Mein neuer Auftrag war, wenn nicht kurios, so doch zumindest sonderbar: Ich sollte die rätselhaften Methoden einer Gruppe Kunstinteressierter im Umgang mit Werken des Malers Alexander Camaro aufdecken.
Mein Auftraggeber wußte lediglich, daß ihr nächstes konspiratives Treffen zu einer bestimmten Zeit in der Berlinischen Galerie im Martin-Gropius-Bau stattfinden würde.
Die hehren Hallen waren überheizt. Ich ortete die Verdächtigen augenblicklich, nachdem die Eingangstür hinter mir zugeglitten war und die Unbilden der naßkalten Welt ausgeschlossen hatte. Sie waren zu acht, altersgemischte Gruppe. Ich würde sagen, zwischen 20 und 70 Jahre alt. Die Frauen waren in der Überzahl.

Die acht eilten schnurstracks in den Saal, der dem Maler Alexander Camaro gewidmet ist. Die drei dort ausgestellten Werke tragen folgende Titel: „Caza muerta", „Die Schaukel" und „Gobi - Großes Mühlrad". Geschlagene zwei Stunden blieb das Grüppchen bei den Camaro-Bildern, andere Kunstwerke schienen sie gar nicht zu interessieren. Ich belauschte ein Gespräch über das Bild „Die Schaukel": Die Beziehung der beiden dargestellten Figuren - eine Frau im gestreiften Kleid und ein grüner Mann - wurde diskutiert. Zwei Frauen imitierten sogar deren Körperhaltungen, um sich besser in die Schaukelnden hineinversetzen zu können. Das größte Bild im Saal, eigentlich drei Bilder, ein sogenanntes Triptychon, schien irgendwie wichtig zu sein. Jedenfalls begann das Interesse sich mehr und mehr auf „Caza muerta" zu verlagern. Die letzte halbe Stunde war von einer hitzigen Diskussion über die Bedeutung dieses Gemäldes bestimmt. Es ging dabei in erster Linie um die Frage, wen der mehrmals dargestellte Fuchs symbolisiere. War er einsam, gejagt? Warum streifte er scheinbar ziellos durch die Gegend? War sein weißes Schattenbild noch er? Und handelte es sich tatsächlich um ein Selbstporträt, wie es während einer Füh-

Alexander Camaro, Caza muerta, 1980, Berlinische Galerie, Landesmuseum für Moderne Kunst, Photographie und Architektur

rung geheißen hatte? Es wurde nur noch über Füchse geredet, doch offensichtlich konnten meine verdächtigen Museumsbesucher das Problem vor Ort nicht lösen. Endlich begaben sie sich in Richtung Garderobe, um das Museum zu verlassen. Doch von Feierabend konnte nicht die Rede sein, denn nun beabsichtigten sie, im Zoo das Wesen lebendiger Füchse zu studieren. In diesem Stadium meiner Beschattung hielt ich das für eine äußerst bizarre Idee.
Diese wurde aber noch übertroffen: In den folgenden Tagen erschwerte sich meine Arbeit dadurch, daß die acht sich regelrecht zu verstecken schienen. Dann spürte ich sie mit viel Glück in einem Kreuzberger Hinterhof auf. Bewaffnet mit Kopfhörern, Mikrofonen und einem Kassettenrecorder galt ihre ganze Aufmerksamkeit der alten quietschenden Schiffschaukel, die Anwohner hier aufgestellt hatten. Wieso suchten sie die auf den Camaro-Gemälden abgebildeten Gegenstände in der Realität? Wo sie den grünen Mann wohl finden würden?

Kunst als Lehrmeisterin - In die Haut des Künstlers schlüpfen

Eine Projektgruppe der Werkstatt „Fenster zur Kunst" stellt sich die Aufgabe, andere Museumsbesucher auf phantasievolle Art zur Zwiesprache mit Gemälden Alexander Camaros zu inspirieren. Wege sollen gefunden und gezeigt werden, um der rätselhaft-verklärten Bilderwelt des Malers auf die Spur zu kommen. Dabei kommt es vor allem auf die eigene Imagination an.
Für die Gruppe besteht der erste Schritt darin, von ihrem eigenen Standpunkt aus Ideen zur Entschlüsselung der Bilder zu entwickeln. Durch Experimente und eigen-sinnige Methoden, wie z. B. ihre „Expeditionen" in den Zoo

oder einen Kreuzberger Hinterhof, versuchen sie, neue Kanäle der Wahrnehmung aufzutun. Eigene Erlebnisse und innere Bilder sollen mit Camaros poetisch-traumhaften Gemälden in Einklang gebracht werden. Später, am Ende ihres Experiments, werden die „Camaro-Detektive" ihre Vorgehensweise resümieren: „Die einzige Möglichkeit, etwas von diesen geheimnisvollen Bildern zu erfahren, besteht darin, in sich selbst eine unsichtbare Tür zu öffnen."

Maler, Tänzer und Artist

Alexander Camaro wurde 1901 in Breslau geboren. Erinnerungen an Begebenheiten aus seiner Kindheit in Schlesien tauchen gleich Träumen in seinem Werk immer wieder auf. In den Zwanziger Jahren war er Schüler von Otto Mueller, den er sehr verehrte. Von 1926 bis 1927 leitete Camaro in Breslau eine eigene Malschule. Als weiteres wesentliches Ausdrucksmittel galt ihm der Tanz. 1928 absolvierte er bei Mary Wigman eine Ausbildung zum Ausdruckstänzer. Gemeinsam mit ihr stand er 1930 in dem Tanzdrama „Das Totenmahl" in München auf der Bühne. Die Nazis belegten ihn mit Ausstellungsverbot. Seinen Lebensunterhalt verdiente Camaro in dieser Zeit als Tänzer. Nach dem Krieg widmete er sich wieder der Malerei. Themen, die immer wieder eine Rolle spielen, sind Kindheitserinnerungen, Anspielungen auf das Kosmische und Geheimnisvolle. Bis zu seinem Tod im Jahre 1992 lebte er abwechselnd in Berlin und in Kampen auf Sylt.

Der Fuchs

In vielen Gemälden aus Camaros Spätwerk überwiegen helle Farbtöne: Weißliche, auf transparente Wirkung hin angelegte Flächen erinnern an das eigenartige Licht winterlicher Landschaften. In dem Triptychon „Caza muerta“ (Hetzjagd) bieten die wenigen, grau und braun gehaltenen Formen dem Auge des Betrachters den einzigen Halt inmitten einer hypnotischen Helligkeit. Camaro entscheidet sich für die Form eines Triptychons, die im Mittelalter für religiöse Themen reserviert war. Offenbar reflektiert er Fragen, die über das bloße Sujet hinausgehen, die Spirituelles anklingen lassen. Die drei Tafeln sind betitelt mit „Der Käfig“, „Der weiße Fuchs“ und „Die Falle“. Der Fuchs auf der mittleren und damit wichtigsten Tafel hat etwas Unwirkliches, Geisterhaftes an sich. Er ist real und doch nicht greifbar. Obwohl Camaro ihn wie eine Schablone zeichnet und er wie eine leere Hülle wirken müßte, ist er voller Bewegung und scheint im nächsten Moment aus dem Bild schleichen zu wollen.

Was ist das für ein Fuchs?

Die Gruppenmitglieder betrachten gemeinsam das Triptychon. Sie teilen sich ihre Eindrücke und Gefühle wechselseitig mit. Erinnerungen werden ausgetauscht, spontan Assoziationen geäußert. Jemand denkt laut nach über die Verhaltensweisen echter Füchse. Jetzt kristallisiert sich die Idee des Zoobesuchs heraus und wird zu einem ernst gemeinten Versuch: „Ob wir „Caza muerta“ über den Umweg Fuchs auf die Schliche kommen?“

Tatsächlich finden die Kunstfreunde im Nachttiergehege des Berliner Zoos Wüsten- und Steppenfüchse. Obwohl der Fuchs überwiegend ein Dämmerungs- und Nachttier ist, jagt er in störungsfreien Gegenden auch tagsüber. Seine ganze Erscheinung mit den kurzen Beinen, dem ge-

schmeidigen Rumpf und den aufmerksamen Augen deutet auf einen Meister im Schleichen und Verstecken hin. Diese Eigenschaften haben ihn auch die Verfolgung durch den Menschen überstehen lassen. Anders als der Wolf jagt der Fuchs nicht im Rudel, sondern als Einzelgänger. Der Zoobesuch belebt die Diskussion um den Symbolgehalt des Fuchses und um die Person und Biografie Alexander Camaros.
Weitere Museumsbesuche folgen. Die Gruppe entwickelt ein Gespür dafür, wie Camaros Werk begegnet werden könnte, um seine subtile Sprache zu verstehen: Anregungen für andere Besucher müßten behutsam auf seine Stilmittel abgestimmt sein, auf das Leise, das Flüsternde, auf die Schwingung, um eine entsprechende innere Haltung den Bildern gegenüber zu evozieren. Wie kann man Besucher dazu verführen, sich auf diese Sprache einzulassen?
Es gibt eine augenfällige Gemeinsamkeit zwischen den drei in der Berlinischen Galerie ausgestellten Werken: Jedes enthält einen Aspekt von Bewegung:

- Die Schaukel scheint im nächsten Moment dem Betrachter entgegenzuschwingen. („Die Schaukel“)
- Der Fuchs wird jeden Moment aus dem Bild herausschleichen. („Caza muerta“)
- Das Mühlrad bewegt sich wasserlos stetig um die eigene Achse. („Gobi - Großes Mühlrad“)

Das Bewegungselement wird später von der Gruppe in einer Performance für das Publikum aufgenommen. Die Kreissymbolik des Mühlrads verweist auf Themen wie Zeit, Zyklen und den ewigen Kreislauf von Geburt und Tod. Auch dieses Symbol wird die Gruppe zitieren.

Die Schaukel

„In meiner Malerei sind noch andere, sagen wir ins Somnambule ausgerichtete Dinge enthalten, die dem durchschnittlichen Betrachter nicht wahrnehmbar sind. Deshalb das Verwundern, auch so ein Wort - über meine Arbeiten.“ (Alexander Camaro)

Eine Frau und ein Mann auf einer Schaukel. Lebensgroß gemalt. Sie halten sich mit emporgestreckten Armen an den Schaukelstangen fest. Haare und Kleid der Frau flattern im Wind. Das Gesicht der Frau ist im Profil gezeigt, ihr großes Auge ist geschlossen. Sie scheint zu träumen. Dabei ist ihr Gesicht ganz entspannt. Es muß ein schöner Traum sein. Die schwarzen Streifen auf ihrem weißen Kleid unterstreichen den Schwung der Schaukelbewegung.

Und der Mann? Sein Rücken ist dem Betrachter zugewandt. Er ist grün von Kopf bis Fuß. Die Streifen auf seinem Rücken lassen an ein geädertes Blatt denken. Überhaupt hat seine ganze Erscheinung etwas Vegetabiles: Er erinnert an Moos, an Schilf oder auch an einen gut getarnten Grashüpfer. An einer Stelle seines Rückens scheint jedoch das Kleid der Frau durch. Ist er vielleicht nur ein Phantom?

Da, mehr Grün im Gesicht der Frau! Träumt sie den grünen Mann etwa nur? Holzgestänge und noch mehr Grün unter den beiden in der vorbeifliegenden Welt. Der grüne Mann geht gerade in die Knie, um Schwung zu holen. Aber was ist das dann für eine merkwürdige Schaukel, an der sich die beiden Figuren mit verdrehten Armen festhalten? Sie erinnert in ihrer spitz zulaufenden Form an ein Boot. Es muß, es kann nur eine Schiffschaukel sein! Fast hört man das Quietschen der Schaukel.

Alexander Camaro, Die Schaukel, 1986/88, Berlinische Galerie, Landesmuseum für Moderne Kunst, Photographie und Architektur

Auszug aus dem Journal einer Teilnehmerin

Wir sind mittlerweile gepackt von der Herausforderung, das Gemälde „Die Schaukel" zu ergründen. Wir genießen es, bei der Betrachtung des Bildes unserer eigenen inneren Stimme zu lauschen und unsere persönlichen Erfahrungen ins Spiel zu bringen. Am Anfang stellen wir Fragen:
Welche Gegenstände können wir auf dem Bild identifizieren?

Welche Beziehung haben die beiden dargestellten Figuren zueinander?
Kennen sie sich überhaupt?
Sind sie ein Liebespaar?
Wir diskutieren über den möglichen Symbolcharakter des Schaukelns und suchen Gründe für das erstaunliche Zusammentreffen zweier so unterschiedlicher Wesen: eine Frau im Streifenkleid und ein grüner Mann auf einer Schaukel.
Langsam werden wir lockerer und lassen unseren Assoziationen freien Lauf. Grüner Mann: Wassermann, glitschig, Moos, Schilf, Gärtner, kein Jedermann, das Unterbewußte, die Natur, Grashüpfer, Yang-Aspekt, Peter Pan, Außerirdischer...
Und die Schaukel? Fast jeder hat in der Kindheit einmal auf der Schaukel gesessen. Was war das für ein Gefühl? Berauschend, schwerelos, hinauf in den Himmel und wieder hinunter auf die Erde. Aber hier im Museum - wir müssen raus. Wir müssen schaukeln! Doch wo finden wir mitten im Herbst in Berlin eine Schiffschaukel? Ob eine ganz normale Schaukel auch das Gefühl zurückbringen kann? Wohl nicht. Schließlich sitzen in der Schiffschaukel zwei Leute „in einem Boot". Und dann der heiße Tip: In einem Hinterhof in Kreuzberg finden wir schließlich das Objekt unserer Begierde und schreiten zur Tat. Wir schaukeln bewußt und versuchen, uns zu erinnern. Erinnern an die Kindheit, erinnern an das Bild Camaros. Plötzlich ist unser Gegenüber die Frau in dem Streifenkleid oder der grüne Mann.
Wir erzielen unser erstes klares Ergebnis: acht verschiedene Aha-Effekte. Jeder ist sein eigenes Universum, das Erleben immer subjektiv. Auch das Bild wird auf jeden anders wirken. Wir wollen eine Möglichkeit finden, die Bildbetrachterinnen und -betrachter ganz persönlich anzuregen. Ein besonderer Schlüssel kommt uns in den Sinn, eine Inspiration, die die Seele beflügelt: Klänge...

Phantasie statt Vorträge

Es werden drei Konzepte entwickelt, die sich an der geheimnisvollen Ausstrahlung der Gemälde orientieren, ohne diese zu übertönen oder die Wirkung zu beschränken. Sie wollen ausdrücklich nicht im Stile eines Vortrags die Kunst Camaros erklären, sondern durch die Verwandlung des Ausstellungsraumes die Imagination des Publikums aktivieren.

Unsichtbarer Schlüssel : Eine Klangcollage

Eine Komposition aus verschiedenen Klängen und Geräuschen zu dem Gemälde „Die Schaukel" soll Blicke und Phantasie von Betrachtern in das Bild hineinlocken. Als akustische Inspirationsquelle kommt dieses Angebot einer Einladung gleich, in das Bild einzusteigen und an der Schaukelszene teilzuhaben.
Die Klangcollage besteht aus vier Komponenten:

- Das leise Tönen eines gleichmäßig schlagenden Herzens, Leben.
- Das darüberliegende Geräusch ist ein leichter Wind, den Schaukelnde hören und als Luftbewegung auf der Haut spüren.
- Ab und an taucht gleich einer Wellenbewegung eine kurze, meditative Musiksequenz auf.
- Das Hauptgeräusch ist das stetige, leise, hohe Quietschen einer Schiffschaukel. Es wird als Originalton bei der realen Schaukel aufgezeichnet. Nach den Vorstellungen der Gruppe produziert eine Tontechnikerin die endgültige Fassung der Toncollage als Endlosband.

Stumme Inspiration: Performance des grünen Mannes

Über die Beziehung des schaukelnden Paares ist viel spekuliert worden. Besonders der grüne Mann bleibt geheimnisumwittert. Die Gruppe beschließt, ihn symbolisch aus dem Bild zu isolieren. Er soll als reale Figur im Camaro-Raum anwesend sein. Auf dem Bild ist er lebensgroß dargestellt, was dieser Absicht entgegenkommt. Ein

Performance vor Camaros „Schaukel" in der Berlinischen Galerie

junger Mann aus der Gruppe übernimmt diese Rolle. Hut, Hemd, Hose und Strümpfe werden besorgt und grün eingefärbt. Seine Hände und sein Gesicht werden schilfgrün geschminkt. Während der Performance soll kein Wort über die Lippen des grünen Mannes kommen. Er bewegt sich langsam im Raum, sucht bestenfalls Blickkontakt mit Besuchern. In sich versunken hält er schwarze Streifen in seinen Händen und spielt mit ihnen. Auch diese finden sich im Bild, als Muster auf dem Kleid der Frau.

In einem Wegweiser für die Präsentation finden Besucher folgenden Satz: „Falls Sie einem grünen Mann begegnen, so ist das eine Halluzination."

Runder Gedanke: Ein Camaro-Zitat

Die Camaro-Gruppe findet ein Zitat des Malers, das einerseits ihre eigenen Gedanken während der Arbeit berührt, andererseits provozierend auf einige Leser wirken muß:

„Das Reich der Phantasie ist das unsere und das Gegenteil des Gängigen unserer Umgebung. Für manche führen keine Brücken dorthin und man soll sich keine Mühe geben, sie zu animieren. Es kommt nur falsches dabei zustande." (Alexander Camaro)

Dieser Gedanke soll auf eine Art präsentiert werden, die das Ambiente des Ausstellungsraumes nicht stört. Auf keinen Fall soll er in Form einer konventionellen Texttafel an der Wand erscheinen. Als Lösung wird in Zusammenarbeit mit einer Grafikerin ein mandalaähnliches durchsichtiges Textband mit schwarzen Buchstaben produziert. Der in Kreisform gedruckte Satz hat einen Durchmesser von über zwei Metern. Er wird in der Mitte des Raumes auf dem Parkettboden aufgeklebt und ist begehbar. Niemand muß ihn lesen. Wer dies aber tun möchte, muß sich dabei im Kreis drehen.

Das Reich der Fantasie ist das unsere und das Gegenteil des Gängigen unserer Umgebung. Für manche führen keine Brücken dorthin und man sollte sich keine Mühe geben sie zu animieren. Es kommt nur Falsches dabei zustande.

„Runder Gedanke“ von Alexander Camaro , Grafik: Susanne Olschewski

Neue Sachlichkeit

Wir treffen uns dann direkt im Museum im Raum der „Neuen Sachlichkeit", hieß es letztes Mal. Ich bin mal wieder zu spät dran und frage die Frau an der Kasse der Berlinischen Galerie nach dem Weg. „Wissen Sie, wir nennen unsere Räume hier nicht nach Epochen", wird mir mit fragendem Blick geantwortet. „George Grosz" fällt mir ein. „Ach so", jetzt huscht ein Lächeln über ihr Gesicht, „das sind die Bilder, auf denen alles ganz genau zu erkennen ist, die gefallen mir selbst so gut. Grosz mit Pfeife, Hut und Schal, genau, der Schmiß auf der Backe, genau, die Bilder finden Sie oben im mittleren Raum neben der Treppe, ja richtig, da ist vorhin eine Gruppe hinmarschiert".

Ich haste hinauf, vorbei an den Konstruktivisten, vorbei an den Expressionisten, vorbei an Dada und sehe meine Gruppe schon im übernächsten Raum angeregt diskutieren. Aha, sie sind beim Brainstorming, ich komme gerade richtig. Es geht darum, Ideen zu finden, wie wir am Abschlußabend (der Finissage) unserer Werkstattreihe die Kunstwerke der Neuen Sachlichkeit, die in diesem Raum versammelt sind, unseren Gästen und anderen Museumsbesuchern näher bringen können. Diesen Ideenfindungsprozeß wollten wir nicht im Seminarraum, sondern vor den Kunstwerken selbst durchführen, um uns von der Aura der Originale anregen zu lassen. Wir konzentrieren uns also auf die Bilder.

Gegenstände zum Gegenstand

Ziemlich schnell herrscht in dieser Gruppe Einigkeit darüber, daß mit den Gegenständen, die in den Gemälden dargestellt werden, „etwas gemacht" werden soll. Sie springen förmlich ins Auge:

Hut, Schal und Pfeife bei George Grosz sowieso,
dann die Hüte der „Revuegirls" von Jeanne Mammen,
Weinflasche, Teetasse, Amaryllis, Buch bei Alexander Kanoldt,
Orangen, Messer, ein Plüschtierchen bei Peter Foerster,
das Strumpfband der „Sitzenden Jenny" von Rudolf Schlichter,
die Krawatte beim Porträt „Ludwig Bäumers" von Christian Schad,
die Wäscheleine vor den „Berliner Hinterhäusern" von Franz Lenk,

Jeanne Mammen, Revuegirls, 1928/29, Berlinische Galerie, Landesmuseum für Moderne Kunst, Photographie und Architektur

die gelben Rosen im „Bildnis des Dichters Iwar von Lükken“ von Otto Dix.

Alles Dinge des täglichen Gebrauchs, banale gar, die in den Bildern der Neuen Sachlichkeit nüchtern, scharf und unsentimental gemalt sind.
Die Gruppe nimmt sich vor, alle auf den Bildern erkennbaren Gegenstände möglichst originalgetreu, d. h. so wie sie gemalt sind, zu konstruieren, zu rekonstruieren, zu organisieren und sie im Museumsraum in der Mitte wie auf einem Gabentisch zu präsentieren. Damit sollte vor allem auch das statische Moment der neusachlichen Bilder (im Gegensatz etwa zur Dynamik des Expressionismus) unterstrichen und der Blick dafür geschärft werden. Die Gruppe reflektiert dabei von Anfang an besonders das Moment der Vermittlung ihrer Arbeitsergebnisse im Rahmen der vorgesehenen Museumsaktion. Es ist beabsichtigt, die Gäste dieser Aktion zu animieren, auf einem Führungsblatt den Gegenstand abzuzeichnen, der sie am meisten interessiert. Dann sollen sie den Gegenstand auf dem Gemälde im Raum suchen, auf dem er als Motiv zu erkennen ist und zu diesem Gegenstand oder mit diesem Gegenstand einen Text schreiben.

Dies bedeutet für die Gruppe zunächst: Kärrnerarbeit! Genaues Hinsehen, wie genau sollen die Gegenstände der Bilder reproduziert werden; was heißt das überhaupt, wenn gemalte Gegenstände dreidimensional besorgt werden, nachgebildet, nachgebaut? Fast automatisch kommen kunstphilosophische Themen aufs Tapet: der Bezug von Realität und Kunst, Kunst und Leben, Chaos und Gestaltung. Die bekannte Ikone von René Magritte wird zitiert: „Ceci n’est pas une pipe“ („Dies ist keine Pfeife“). Ja, natürlich ist auch die von George Grosz in seinem Selbstbildnis dargestellte Pfeife eine gemalte Pfeife. Aber

George Grosz, Selbstporträt, 1928, Berlinische Galerie, Landesmuseum für Moderne Kunst, Photographie und Architektur

was ist dann mit der Pfeife, die im Museum als Gegenstand zwischen anderen Gegenständen liegt, und die auf die gemalte Pfeife im Grosz-Bild hinweisen soll; ihrer normalen Funktion als Tabakverwertungsobjekt beraubt. Was ist das für eine Pfeife? Diese Überlegungen stellen die im Grunde simple Idee, Bildmotive aus dem Bild zu lösen und sie mit realen Abbildern zu konfrontieren, auf eine theoretische Ebene, die auch für die Neue Sachlichkeit eine zentrale Rolle spielte. Was bedeutet dieses scheinbar realistische Darstellen, das genaue, das sachliche Malen?

Müßte nicht bei den Künstlern selbst nachgesehen werden, ob sie in Tagebüchern, in Aufsätzen usw. sich zu ihrer Kunst geäußert haben? Gibt es Texte von George Grosz zur Neuen Sachlichkeit? Offenbar nicht. Programmatische Äußerungen sind nicht zu finden. Die Neue Sachlichkeit ist in ihrer Präsentation fast allein auf die Bildkunst festgelegt. Es gibt nicht die Begleitung, Ergänzung, Übertrumpfung der Artefakte durch Texte der Künstler selbst, wie vor allem im Dadaismus.

Der Text eines exponierten Kenners der Neuen Sachlichkeit bestärkt allerdings die Gruppe in ihrem Vorhaben, Bilddetails aus dem Gemälde „herauszuholen" und sie gegenständlich zu präsentieren. Wieland Schmied schreibt: „Die Neue Sachlichkeit brachte nicht nur eine neue Hinwendung zur Welt der Objekte, sie bedeutete auch eine neue Auseinandersetzung mit den Dingen... Nach der Zersplitterung der Dinge durch den Kubismus, ihrer Deformierung durch den Expressionismus, ihrer Dynamisierung durch den Futurismus und ihrer Auflösung durch die Abstraktion besann man sich darauf, daß Realität ja nicht nur in Atomen und Energien, in Strukturen und Strahlen, in elektromagnetischen Felder und Wellen anwesend ist, sondern immer noch und zuallererst in den Dingen selbst, und daß es die Dinge sind und nicht die hinter ihnen und verborgen in ihnen wirkenden Kräfte -, die die sichtbare Realität bilden, der allein das Vokabular einer künstlerischen Sprache zu entnehmen sei." (Wieland Schmied, Neue Sachlichkeit und Magischer Realismus in Deutschland 1918-1933, Hannover o. J., S. 28)

Objektinstallation und Schreibspiel zur Neuen Sachlichkeit

Die Projektgruppe setzt ihre Ideen in einer konkreten Aktion im Raum der Neuen Sachlichkeit in der Berlinischen Galerie um. Sie installiert auf einer Tischplatte real jene Gegenstände, die in den Bildern dieses Raumes zu identi-

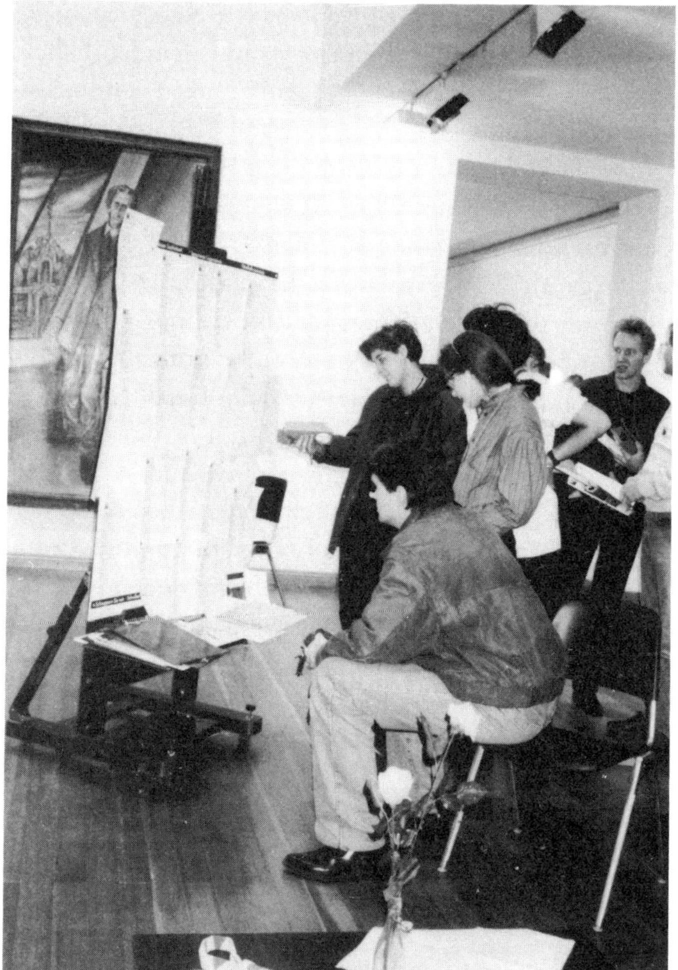

Poetische Staffelei

FENSTER
ZUR
KUNST

Schreibspiel zur Neuen Sachlichkeit

Ihre Skizze

Ihr Text

Sie befinden sich hier in einem Raum mit Bildern der Neuen Sachlichkeit. Die Neue Sachlichkeit ist eine gegenstandsbezogene Kunstrichtung. Wir präsentieren Ihnen hier einige der auf den Bildern dargestellten Gegenstände.

Betrachten Sie sich die ausgelegten Objekte. Welches fällt Ihnen sofort ins Auge, regt Sie auf, regt Sie an ...

Zeichnen Sie "Ihren" Gegenstand oben rechts ein. Machen Sie ein Abbild, oder ein Logo, oder eine Skizze ... Zeichnen Sie sachlich.

Suchen Sie jetzt das "Ebenbild" Ihres Gegenstandes auf einem der Gemälde in diesem Raum.

Schreiben Sie dann einen kurzen Text, zu dem Sie der Gegenstand im Bild inspiriert. Zum Beispiel einen Dialog des Gegenstandes mit dem Bild, oder einen Monolog, ein Gedicht, einen Brief...

Schreiben Sie direkt, schreiben Sie persönlich, schreiben Sie neu. Erlaubt ist, was gefälllt.

Heften Sie Ihren Text an die Staffellei. Die nächsten Schreiberinnen und Schreiber interessieren sich bestimmt dafür.
So entsteht, im Lauf des Abends, das "Buch" der Gegenstände.

Viel Spaß.

bei Bedarf bitte wenden

Schreibspiel zur Neuen Sachlichkeit

Alexander Kanoldt, Stilleben III mit Amaryllis, 1926, Berlinische Galerie, Landesmuseum für Moderne Kunst, Photographie und Architektur

fizieren sind. Die Besucherinnen und Besucher erhalten ein besonderes Führungsblatt (siehe S. 151). Sie werden gebeten, einen der präsentierten Gegenstände auszuwählen und ihn abzuzeichnen. Dann suchen sie das entsprechende Pendant im Originalgemälde und schreiben davor ihren kreativen Text nach der Schreibanleitung.

Einige Skizzen und Textbeispiele aus dieser Aktion:

Sprechende Gegenstände - rätselhafte Leinwände - Obdachlose Kunstblumen

Bin ich wirklich eine Flasche?
Was glotzt Ihr mich eigentlich so an? Nur weil ich eine Flasche bin? Dabei bin ich doch noch halb voll! Was sagt Ihr? Halb leer? Ich glaube, das ist ein Gerücht! Was bleibt mir dann anderes übrig, als zu trinken? In dieser Umgebung! Zwischen lauter Gegenständen. Neue Sachlichkeit: sachlich, sächlich, hauptsächlich trinken. Und prost! So, jetzt ist die Flasche wirklich halb leer. Das entspricht auch eher der Neu-

en Sachlichkeit: Alles sachlich, alles sächlich, hauptsächlich betrunken. So wie in der Zeit davor: in der Trunkenheit des Expressionismus, des Dadaismus, der abstrakten Kunst: sinnenfrohe, trunkenfreudige Zeit. Neue Sachlichkeit: es bleibt mir nichts anderes übrig, als zu trinken. Die Tristesse der Zeit im Alkohol zu ertrinken, in Erinnerung an die sinnenfrohe Zeit davor. Nur prost: Es lebe die moderne Kunst. Nastrowje.

Text anonym zu dem Bild „Stilleben III mit Amaryllis", 1926, von Alexander Kanoldt

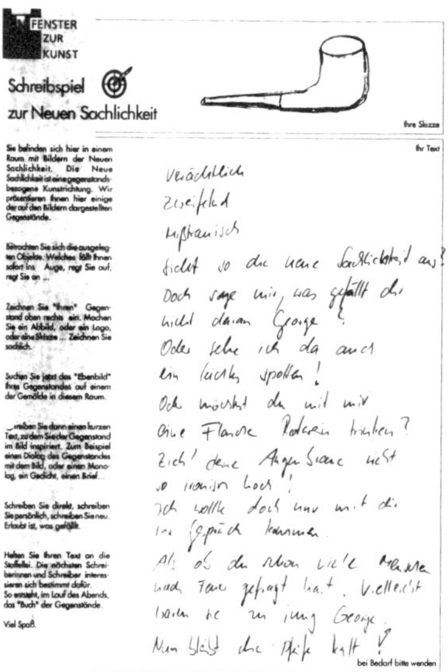
FENSTER ZUR KUNST

Schreibspiel zur Neuen Sachlichkeit

Sie befinden sich hier in einem Raum mit Bildern der Neuen Sachlichkeit. Die Neue Sachlichkeit ist eine gegenstandsbezogene Kunstrichtung. Wir präsentieren Ihnen hier einige der auf den Bildern dargestellten Gegenstände.

Betrachten Sie sich die ausgelegten Objekte. Welches fällt Ihnen sofort ins Auge, regt Sie auf, regt Sie an ...

Zeichnen Sie "Ihren" Gegenstand oben rechts ein. Machen Sie ein Abbild, oder ein Logo, oder eine Skizze ... Zeichnen Sie sachlich.

Suchen Sie jetzt das "Ebenbild" Ihres Gegenstandes auf einem der Gemälde in diesem Raum.

Schreiben Sie dann einen kurzen Text, zu dem Sie der Gegenstand im Bild inspiriert. Zum Beispiel einen Dialog des Gegenstandes mit dem Bild, oder einen Monolog, ein Gedicht, einen Brief ...

Schreiben Sie direkt, schreiben Sie persönlich, schreiben Sie neu. Erlaubt ist, was gefällt.

Heften Sie Ihren Text an die Staffelei. Die nächsten Schreiberinnen und Schreiber interessieren sich bestimmt dafür. So entsteht, im Lauf des Abends, das "Buch" der Gegenstände.

Viel Spaß.

Ihre Skizze

Ihr Text

bei Bedarf bitte wenden

Verächtlich
Zweifelnd
Mißtrauisch
Sieht so die neue Sachlichkeit aus?
Doch sage mir, was gefällt dir
nicht daran, George?
Oder sehe ich auch
ein leichtes Spotten!
Oder möchtest du mit mir
eine Flasche Rotwein trinken?
Zieh deine Augenbraue nicht
so ironisch hoch!
Ich wollte doch nur mit dir
ins Gespräch kommen.
Als ob du schon viele Menschen
nach Feuer gefragt hast. Vielleicht
waren sie zu jung, George.
Nun bleibt die Pfeife kalt!

Text, anonym, zum „Selbstporträt", 1928, von George Grosz

Buch
Auf dem Buch,
da liegt ein Fluch.
Das Buch ist Rot,
wie Liebe.
Es inspiriert die
Diebe.
Die Diebe nehmen
es mit nach Haus
dort wirds gefressen
von der Maus.
Von der Maus
sagt man Heute
sie hat die Wahrheit
nicht
mit Löffeln gefressen,
sondern immer davon abgebissen.

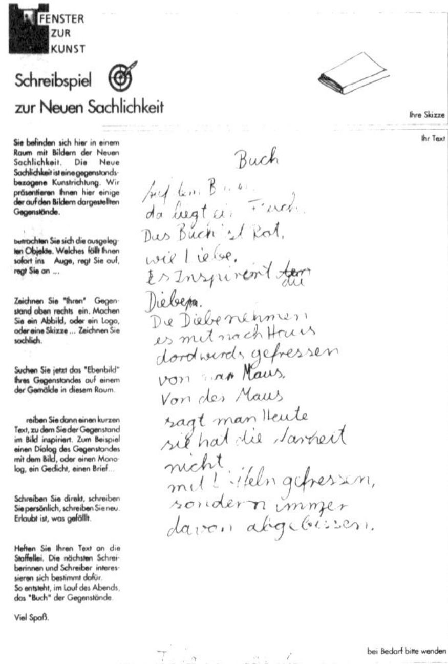
FENSTER ZUR KUNST

Schreibspiel zur Neuen Sachlichkeit

Sie befinden sich hier in einem Raum mit Bildern der Neuen Sachlichkeit. Die Neue Sachlichkeit ist eine gegenstandsbezogene Kunstrichtung. Wir präsentieren Ihnen hier einige der auf den Bildern dargestellten Gegenstände.

betrachten Sie sich die ausgelegten Objekte. Welches fällt Ihnen sofort ins Auge, regt Sie auf, regt Sie an ...

Zeichnen Sie "Ihren" Gegenstand oben rechts ein. Machen Sie ein Abbild, oder ein Logo, oder eine Skizze ... Zeichnen Sie sachlich.

Suchen Sie jetzt das "Ebenbild" Ihres Gegenstandes auf einem der Gemälde in diesem Raum.

reiben Sie dann einen kurzen Text, zu dem Sie der Gegenstand im Bild inspiriert. Zum Beispiel einen Dialog des Gegenstandes mit dem Bild, oder einen Monolog, ein Gedicht, einen Brief...

Schreiben Sie direkt, schreiben Sie persönlich, schreiben Sie neu. Erlaubt ist, was gefälllt.

Heften Sie Ihren Text an die Staffellei. Die nächsten Schreiberinnen und Schreiber interessieren sich bestimmt dafür. So entsteht, im Lauf des Abends, das "Buch" der Gegenstände.

Viel Spaß.

Ihre Skizze

Ihr Text

bei Bedarf bitte wenden

Beispiel von Tinka V., 11 Jahre zu dem Bild „Orangenstilleben", um 1924, von Peter Foerster

Wie sich Gemälden der Neuen Sachlichkeit sachlich sonst zu nähern sei, dies wird intensiv diskutiert, zum Beispiel über statistische Daten aus den Zwanziger Jahren. So spielt das Eros-Milieu in den neusachlichen Bildern eine nicht zu übersehende motivische Rolle. Eine Statistik über die Prostitution könnte die Kunst hier sachlich ergänzen. Man könnte auch fragen:
Wieviele Kneipen gab es 1925 in Berlin, wieviele Nachtbars?

Der Vorschlag wird gemacht, Filme aus den Zwanziger Jahren als Kommentar zur Zeit vorzuführen, auch Wochenschau-Material. Ebenso aufschlußreich: Auszüge aus Magazinen, Illustrierten, Tageszeitungen.

Einer der Spaßvögel in der Gruppe überrascht mit der Idee, doch zur Finissage alle Berlinerinnen und Berliner einzuladen mit den Namen Grosz, Dix, Lenk, Schad, Schlichter, Mammen, Foerster, Kanoldt, die dann jeweils zu „ihrem" Bild einen kleinen Text schreiben.

Den Vorschlag, die Kunstwerke mit einem in der Mitte des Raumes ausgelegten Fernglas oder gar mit einem Fernrohr zu betrachten, findet man auch „nicht schlecht". So können Betrachterinnen und Betrachter der Kunst noch näher auf den Leib rücken, oder sie von sich halten durch das Umdrehen des Fernglases.

Als sehr mutig wird der Vorschlag angesehen, sich als Besucher vor dem Bild „Ludwig Bäumer" von Christian Schad einen Schmiß ritzen zu lassen. Der porträtierte Bäumer hat auf der rechten Wange eine auffallend tiefe Narbe.

Sehr schmackhaft erscheint die Vorstellung, vor dem Orangen-Stilleben Peter Foersters sämtliche Orangenprodukte zu präsentieren, die es in Berlin zu ergattern gibt: Orangen, Orangensaft, Orangeate, Orangenbaum, Orangenkisten, Orangenöl, Orangenseife, Orangenkuchen, Orangenbonbons, Orangenwerbung ....

Über das sachliche Erfassen der Dinge

Der Kunst der Neuen Sachlichkeit mit aus ihren Bildinhalten isolierten Gegenständen plastisch zu begegnen, ist durchaus angemessen. Mit einer solchen Aktion können zentrale Prinzipien der neusachlichen Malerei sinnlich greif- und erfahrbar nachvollzogen werden, zum Beispiel die Prinzipien der Dingtreue und der Objektverdeutlichung. Das Vertraute der Gegenstände und zugleich

Fremde fällt in der Umgebung des Museums prompt ins Auge. Die konkrete dreidimensionale Präsentation von Bildmotiven hebt genau dieses für die Neue Sachlichkeit so wichtige Moment hervor: die Überbetonung der Dingwirklichkeit.

Die Künstler der Neuen Sachlichkeit waren in ihrer Abkehr vom überschäumenden Pathos des Expressionismus vor allem bestrebt, sich auf die simplen Fakten der Realität zurückzubesinnen. Gerade in den Stilleben der Neuen Sachlichkeit wurde die „Würde der Gegenstände" entdeckt. Mit kühlem Feststellungswillen und nüchternem Blick, mit tiefer Verwurzelung in der Kunst des 19. Jahrhunderts brachte die Neue Sachlichkeit eine Hinwendung zur Welt der Objekte und eine neue Auseinandersetzung mit den Dingen. Die Neue Sachlichkeit „war der Versuch, in einer welthistorischen Stunde der Unsicherheit, nach den Zerstörungen eines Krieges, inmitten politischer, ökonomischer, sozialer Krisen, der Dinge aufs neue habhaft zu werden, sie wieder in die Gewalt zu bekommen, und mehr: sie durch getreue und uneitle Beobachtung geistig zu durchdringen". (Wieland Schmied: Neue Sachlichkeit, Der Realismus der zwanziger Jahre, Hannover o. J., S. 114)

Stichworte zur Malerei der ZwanzigerJahre

Als die Malerei der Neuen Sachlichkeit aufkam, war der Expressionismus noch lebendig. Beide Strömungen – höchst gegensätzlich – existierten nebeneinander

Expressionismus	Neue Sachlichkeit
Malerei ohne Firnis, pastoser Farbauftrag	Mehrschichtenmalerei mit Zwischen- und Schlußfirnis, glatter Farbauftrag
Lebhafte Pinselführung, sichtbare Spuren des Malprozesses	Zeichnerische Pinselführung ohne Spuren des Malprozesses
Dynamische, flächenbestimmte Komposition	Statische, linienbestimmte Komposition
Rauschhafter Entstehungsprozeß	Nüchterner Entstehungsprozeß
Überwinden von Starrheit	„Gefrorene“ Wirklichkeit
Ekstatische Zeichensprache	Statische Detailsprache
Orientierung an Formen außereuropäischer Kunst	Orientierung an der Kunst der Romantik, der Altdeutschen, Niederländer und Italiener
Engagierte Subjektivität	Engagierte Objektivität
Thema: Der Mensch in natürlicher Umwelt	Thema: Der Mensch in einer von Technik bestimmten Umwelt
Verklärtes Menschenbild	Desillusioniertes Menschenbild
Intuition und Gefühl	Analyse und Kalkül
„Als Jugend, die die Zukunft trägt, wollen wir uns Arm- und Lebensfreiheit verschaffen.“ (Ernst Ludwig Kirchner)	„Wir sind die Jugend, die an nichts mehr glaubt.“ (Erich Kästner)

(art, 10/94, Hamburg 1994)

Produktive Kunstrezeption am Beispiel des Dadaismus

„Der deutsche Spiesser ärgert sich". So betitelte der Berliner Dadaist Raoul Hausmann eines seiner wichtigsten Manifeste. Anlaß genug für die Kustoden der Berlinischen Galerie, die „Raoul-Hausmann-Retrospektive" im Spätsommer 1994 unter dieses Motto zu stellen (Der deutsche Spiesser ärgert sich. Raoul Hausmann. 1886 - 1971, Berlinische Galerie, Berlin 1994). Der Museumspädagogische Dienst Berlin gründete anläßlich dieser Sonderausstellung den Club MDada. In einer intensiven Seminarwerkstatt setzten wir uns mit Hausmann und dem Dadaismus auseinander, ließen uns von der Kunst inspirieren und bereicherten die Ausstellung durch lustvolle Mitmachangebote und Denkanstöße. Einige ausgewählte Anregungen und Ergebnisse werden hier vorgestellt.

Mr. M erzählt

Der Dadaist H. fesselt mich. Seine Worte, seine Visage mit dem Einaugenglas, seine spitzen, wüsten Bemerkungen, sein Umgang mit der Sprache, mit den Worten und Buchstaben, wie er sie in Bilder und Töne verwandelt, kitzelt meine Gehirnnerven wach. Die Phantasie bricht aus. Claus und Anna geben den letzten Anstoß. Papier und Schere liegen bereit. Die Buchstaben tanzen schon ihre eigenen Melodien. Ich lege los. Vor mir befinden sich die gesammelten Werke der Gegenwartsliteratur: BZ, Morgenpost, Berliner Kurier, Tagesspiegel. Schnipp, schnapp, schnipp - schon ist der erste Buchstabe von seinem Wort entfesselt. Klebstoff ran. R... da steht er wie eine Eins. Meine Blicke schweifen schon zum nächsten. Kleines r..., A... ganz dick und fett, b, b, b... klein und gemütlich ausklingend. Eine reife Leistung.

Ich lese noch einmal die Anleitung von Hausmann. Jawohl, er hat es auch so gemacht. Ist das nicht wunderbar? Jeder kann Dada.
Haha, denke ich. Ich mache weiter und weiter. Zufrieden und stolz trage ich mein optophonetisches Gedicht dem gespannten Publikum vor. Beifall braust auf. „Bravo!" „Prima!" „Huii!"
Ich bin ein gemachter Mann. Morgen werden meine Gedichte am Dom plakatiert. Übermorgen verkaufe ich sie einem Galeristen. Dann rollt der Rubel. Schöne Phantasien. - Ich gucke nochmal bei Hausmann nach. Starb er nicht arm wie eine Kirchenmaus? Immerhin bekam er von der Stadt Berlin zuletzt eine monatliche Pension von achtzig DM. Aber heute, da wäre er reich. Hätte er nur nicht so eine spitze Zunge gehabt. Ja dann... oder einfach seine Einfälle dem Zufall überlassen. Das kann doch jeder, und mancher wurde damit berühmt.
Nun ja, fange ich noch einmal von vorne an.

Die Methoden des Raoul Hausmann

Wie wir wissen, war R. H. als junger Mann Dadaist. Die Erschütterungen um den ersten Weltkrieg entzündeten seinen Geist, seine Phantasie, seinen Tatendrang. Nun war der Krieg zu Ende. Deutschland hatte Schlachten, Ruhm und Ehre verloren. Es lag ausgebrannt darnieder, die Besiegten kehrten als Krüppel heim. Im Land herrschte Aufruhr. Nach all den Hungerjahren verjagten aufgebrachte Arbeiter, Matrosen und Bürger ihren Kaiser Wilhelm. Scheidemann und Liebknecht riefen ihre Republiken aus oder das, was sie darunter verstanden; der eine meinte ein richtig schönes Land mit Parlament und Regierung, der andere ein kommunistisches... Sie wissen schon, wo alle gleich sind und genug zu essen haben. Es gab Kämpfe. In Berlin wurde das Schloß von kommunistischen Matrosen beschossen und besetzt, bis eine sozialdemokratische Regierung für „Ruhe und Ordnung" sorgte. Unten war oben und oben unten. Die wilden Zwanziger Jahre begannen.

In dieses Durcheinander kam Dada, eine Bewegung aus Zürich, nach Berlin und Köln. Dada formte seinen eigenen Begriff von Chaos und Ordnung. Es entheiligte die weihevollen Denkmäler, an die sich die alten und neuen Spießer gewöhnt hatten. Und unser Raoul war auf einmal mitten drin. Er hatte sich schon lange an allem Möglichen versucht. Expressionistische und kubistische Malereien zeugen davon. Doch jetzt entfesselte die große Kunde von Dada alles, was in ihm geschlummert hatte: Schärfe, Witz, Zynismus, Phantasie.

Er griff zur Feder und schrieb programmatische Aufrufe, **Manifeste**. So wie Marx und Engels ihr Kommunistisches Manifest verfaßt hatten, so brauchten auch die unbekannten Dadaisten ihr Manifest. Wer konnte es am besten? Natürlich unser Hausmann. Wichtigste Thesen: NEIN! NEIN! NEIN! „Jasagen - Neinsagen: das gewaltige Hokuspokus des Daseins beschwingt die Nerven des echten Dadaisten - so liegt er, so jagt er, so radelt er - halb Pantagruel, halb Franziskus und lacht und lacht. Gegen die ästhetisch-ethische Einstellung! Gegen die blutleere Abstraktion des Expressionismus! Gegen die weltverbessernden Theorien literarischer Hohlköpfe! Für den Dadaismus in Wort und Bild, für das dadaistische Geschehen in der Welt. Gegen dieses Manifest sein, heißt Dadaist sein." (Aus: Dadaistisches Manifest, in: Richard Huelsenbeck (Hg.), Dada - Eine literarische Dokumentation, Reinbek 1984/87, S. 33)

Dann kam alles Schlag auf Schlag. Im Trubel der ersten Zusammentreffen erfanden die Dadaisten das simultane und das rein phonetische Gedicht, das **Lautgedicht**. Hier sprach jeder seinen eigenen Text oder nur eben Laute, beim simultanen Gedicht gleichzeitig und ohne Sinnzusammenhang (vgl. Kapitel Dada simultan). Selbst die Wörter waren nicht mehr wiederzuerkennen. Zurück blieben Laute, die Erwachsene noch nie artikuliert hatten, ein bißchen war es wie die Rückkehr zu den Anfängen der Menschheitssprache. Jeder konnte jeden verstehen, auch wenn kein Wort verstanden wurde. Denn: „Worte haben gar keinen Sinn, außer dem, den ihnen die Gewohnheit verliehen hat - alles andere, jede Sinngebung ist vergeblich, umsonst! Schon das Wort ‚umsonst' ist lächerlich: ‚um' heißt ‚herum', und ‚sonst' ist soviel wie ‚anders'." (Raoul Hausmann, Am Anfang war dada, Darmstadt 1980, S. 35)

Auch Geräusch und Krach waren wichtige Ausdrucksformen, die mit dem Begriff **Bruitismus** bezeichnet werden. Die Dadaisten benutzten Trommeln, Trompeten, Gongs, Kinderknarren, Schnarren, Rasseln, Sirenen, Kuhglokken, Holzklöppel, Topfdeckel, Schlüssel, Hirtenflöten. Zu diesem irrsinnigen, meist rhythmisch einstudierten Lärmen wurden Texte der Simultangedichte rezitiert. Sechs Geräuschfamilien des bruitistischen Orchesters sind bekannt:

„1. Brummen, Donnern, Bersten, Prassen, Plumpsen, Dröhnen;
2. Pfeifen, Zischen, Pusten;
3. Flüstern, Murmeln, Brummen, Surren, Brodeln;
4. Knirschen, Knacken, Knistern, Summen, Knattern, Reiben;
5. Geräusche, die durch das Schlagen auf Metall, Holz, Leder, Steine, Terrakotta usw. entstehen;
6. Tier- und Menschenstimmen: Rufe, Schreien, Stöhnen, Gebrüll, Geheul, Gelächter, Röcheln, Schluch-

zen." (Hanne Bergius, Das Lachen Dadas, Giessen 1989, S. 326)

Ständig produzierte Dada Berlin neue **Bluffnachrichten**, herausfordernde, prahlerische Behauptungen wie „Die Dadaisten fordern den Nobelpreis", die sie dann in der Tagespresse veröffentlichten.

Hausmann erfand zusammen mit Johannes Baader - seinem Intimfeind und -freund - an Gottfried Kellers 100.

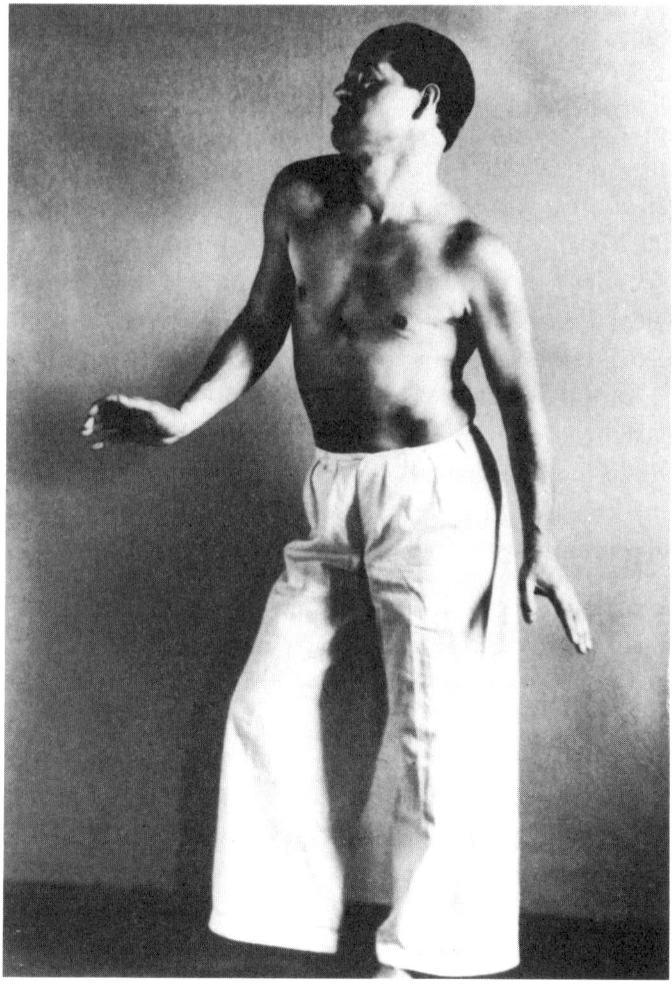

August Sander, Raoul Hausmann als Tänzer, 1929, Berlinische Galerie, Landesmuseum für Moderne Kunst, Photographie und Architektur

Geburtstag quasi das Happening. Zu Ehren des Autors lasen sie sich gegenseitig mitten auf der Straße wahllos verschiedenste Partien aus dem „Grünen Heinrich“ vor, ohne Rücksicht auf Punkt und Komma, Satzanfang oder Satzende, Bruchstücke des Romans sozusagen, „Poesie fix und fertig, nach Maß.“ Sie rezitierten blätternd, sich abwechselnd unterbrechend, aus der bereits geschriebenen Literatur. Indem sie Teile der von Keller „präfabrizierten“ Dichtung neu montierten, schufen sie eine neue literarische Form, die **poetische Assemblage**. (Raoul Hausmann, Kellerfeier mit Baader, in: Dada Berlin. Texte, Manifeste, Aktionen, Karl Riha (Hg.), Stuttgart 1977, S. 37 f.)

Sprache wurde als Material benutzt, auseinandergenommen und neu zusammengefügt. Diesen Umgang übertrugen die Dadaisten auch auf das Sehmaterial. „Dada ist eine Melange aus Wort und Bild, oder besser eine Mesalliance, denn es hat sowohl die Literatur wie die bildende Kunst bastardisiert.“ (Eberhard Roters, fabricatio nihili oder Die Herstellung von Nichts. Dada Meditationen, Berlin o. J., S. 142) Vor allem aber entwickelten die Dadaisten Formen, die es möglich machten, diese beiden Disziplinen gegeneinander zu öffnen und initiierten so eine künstlerische Revolution, von der heute noch die Kunst zehrt.

Eines Tages begab sich Hausmann in eine Druckerei und machte mit dem Setzer einfach das, was Spaß macht: Buchstaben blindlings aus dem Setzkasten herausnehmen und aneinanderreihen, sie umdrehen, große Zeichen neben kleine setzen, Lettern auf den Kopf stellen – und nicht vergessen: das Ganze sofort drucken und in die Welt schicken. So, oder mit Schere, entstanden aus den zuerst rein akustischen Lautgedichten, wie sie auch der Dadaist Hugo Ball in Zürich vortrug, **optophonetische**

Gedichte, also Gedichte, die visuell gestaltet waren, Gedichte zum Sehen (ofthalmos, griech. = Auge) und zum Hören (fonein, griech. = tönen). Die unterschiedlichen Buchstabentypen sollten die unterschiedliche Aussprache charakterisieren, den Vortrag dirigieren. Vom kleinen, dicken b über das schlanke, überlange U.

Dada führt das Wort zurück auf den Buchstaben, reduziert es auf den Laut, der isoliert wirkungsvoll eingesetzt wird. Aber auch andere Trümmer der überlieferten Welt werden künstlerisch umgesetzt, verarbeitet. Haupttechnik ist die **Collage** in ihren unterschiedlichen Ausprägungen.

Nach Einschätzung der Dadaisten hatte die Selbstzertrümmerung der bürgerlichen Welt unaufhaltbar begonnen und zu katastrophalen Ergebnissen geführt. Sie wollten diese bürgerliche Kultur als Kultur der Selbstzerstörung ad absurdum führen. Quelle ihres kreativen Ansatzes war das Nichts, Mittel dazu das Paradox.

Dies prägt auch das Aussehen der dadaistischen Collage: Sie ist durch Bedeutungslosigkeit bzw. Wertlosigkeit des Materials und oft durch den Zufall als Herstellungsverfahren bestimmt. Der Dadaist Hans Arp läßt ein solches Verfahren in seiner Titelgebung nachvollziehbar werden: „Quadrate nach dem Prinzip des Zufalls geordnet."
(Roters, fabricatio nihili, a. a. O., S. 158, S. 164f.)

Einige Monate später, nach den ersten Auftritten der Dadaisten, kamen in der Sommerfrische von Usedom Hanna Höch und ihr Geliebter Raoul auf die Idee, aus farbigen Papieren, Zeitungsausschnitten und Fotos neue Bilder zusammenzusetzen. So entstand die **Fotomontage**, die das vielfach zerstückelte Bild der Wirklichkeit neu ordnet, neu montiert. Sie ist eine Absage an die Fotografie als Abbild der Realität.

„Die Dadaisten wandten damit dieselben Prinzipien, die sie zuvor bei ihren Sprechtheaterhappenings praktiziert hatten, auf die bildnerische Darstellung an. Sie waren die ersten, die das Material der Fotografie benutzten (...). Und sie waren sich darüber klar, daß ihrer Methode eine starke propagandistische Kraft innewohnte, die auszugestalten und aufzunehmen das zeitgenössische Leben nicht mutvoll genug war." (Hausmann, 1980, a. a. O., S. 57)
Die Dadaisten wußten, daß Fotografien lediglich subjektive Blickwinkel wiedergeben, auch wenn sie auf Grund ihrer Abbildtreue Realitätsanspruch vortäuschen. Zerstückelt und nach eigenem Gutdünken neu zusammengefügt ließ sich die objektiv erscheinende Meinungsvermittlung über die Fotografie künstlerisch / kritisch neu organisieren: Neue Perspektiven wurden im wörtlichen und im übertragenem Sinn geschaffen, nach Bedarf und Intention politisch, satirisch, phantastisch, zusammengesetzt, montiert usw.
Der Begriff der **Montage** ist eine Absage an den bisherigen Akt der Kunstschöpfung. Er suggeriert bewußt die technische Herangehensweise der Dadaisten. (Montage als Kunstprinzip. John Heartfield zum 100. Geburtstag, Hilmar Frank (Hg.), Akademie der Künste zu Berlin (Internationales Colloquium), 16. und 17. 5. 1991.) Dieser Aspekt wurde von ihnen selbst oft unterstrichen: John Heartfields Dadapseudonym lautete Monteurdada, er trug demonstrativ den Blaumann als Arbeitskittel, Hausmann und George Grosz nannten sich gern Monteure, Grosz signierte sogar mit einem Stempel, der das Wort „Construiert" druckte. (Roters, fabricatio nihili, a. a. O., S. 165-171)

Eine weitere Steigerung, was die Neuordnung und Uminterpretation vorgefundener Elemente betrifft, stellt das **Ready-made** dar. Ein bereits vorfabriziertes Ding mit meist alltäglichem Charakter, wird durch die Auswahl des

Künstlers isoliert, möglichst in fremden Kontext gestellt und als selbstständiges Wesen betrachtet. Ein besonders bekanntes Beispiel ist das Pissoir, das Marcel Duchamp unter dem Titel „la fontaine“ als seine Arbeit ausstellte. Der Betrachter reagiert auf Grund einer derartig ungewöhnlichen Konfrontation mit Angst, Wut und Lachen und erkennt durch dieses „Dérèglement de tous les sens“ das Ding als Fetisch. (Werner Haftmann, Malerei im 20. Jahrhundert, I, München 1954, S. 213 f.)
Während beim Ready-made das Auswählen das Wichtigste ist, liegt der Kunstakt der Assemblage darin, daß er vom Finden (objets trouvés) zum Erfinden überleitet. Hier werden dreidimensionale Stücke als Objektkunst gebildet. Die poetische Assemblage, wie schon beschrieben, bedient sich bereits geschriebener Dichtkunst und arrangiert diese neu.

Dada kann jeder!

Mit der Kenntnis der dadaistischen Methoden lassen sich auch heute noch Aktionen planen. Am besten arbeiten Neodadas in der Gruppe. Das haben die „Großmeister“ damals auch getan.
Hinterlassen haben die Dadaisten neben ihren zahlreichen Antikunst-Kunstwerken viel Stoff und Anregungen für die zeitgenössische Kunst, aber auch regelrechte Anleitungen zu ihren Techniken.
Die Ideen, die wir für unsere Dada-Werkstatt entwickelt haben, sind größtenteils von solchen Primärhinweisen inspiriert. Einige sollen heutige Dadafans anstecken, manche auch richtig krank machen. In erster Linie sollen jedoch Lust und Phantasie angefacht werden!
Dazu finden Sie Stichproben, kleine Dada-Prisen, die sich mal zwischendurch einstreuen lassen; genauso gut

können Sie mit unseren Vorschlägen ein aufeinander aufbauendes Seminarprogramm gestalten. Einstiege, speziell zum Thema Dada, finden Sie am Anfang des Buches. Ebenso Anregungen zu kreativen Schreibspielen, die Sie und Ihre Freunde schnell in ein neudadaistisches Flair versetzen werden. Höhepunkte einer kreativ-praktischen Beschäftigung mit Dada können kleine Auftritte mit happeningartigem Charakter im Museum selber sein. Diese Aktionen sollten jedoch gut durchgeplant sein. Vor allem bedürfen sie einer vorherigen Absprache und Anmeldung.

Dadavisitenkarten

Oberdada, Monteurdada, Dadafex, warum nicht auch Raradada, Dadabella oder Dadablueeh? Das Design eigener dadaistischer Visitenkarten, frei oder nach Vorbild, macht Spaß, schafft Identität, eventuell als freie Eintrittskarte ins Museum, und dient als erster legitimierter Schritt zur „Übernahme der Herrschaft über Himmel, Mond und Erde“ wie es auf Hausmanns Visitenkarte heißt.

Anleitung

Kartons in Visitenkartenformat vorbereiten. Teilnehmer mit Dadanamen taufen: Jeder erfindet für jeden in der Gruppe einen Dadanamen, d. h. bei einer Gruppenstärke von zehn Personen hat jeder schließlich neun Vorschläge, aus denen er sich den „schönsten“ selbst auswählt. Mit Schere, Stift und Kleber gestaltet nun jeder seine eigene Visitenkarte mit dem Dadapseudonym. Hinzunahme einer Schreibmaschine oder eines Computers bzw. Letraset-Buchstaben für Name, Profession, Adresse möglich.

Collage

Arbeitstechniken:
Reißen (Déchirage), Brennen (Brulage), Schneiden (Découpage), Knüllen (Froissage), Abreißen (Décollagen), Abreiben (Frottage).
Jahrzehnte später greifen die Künstler Wolf Vostell und Mimi Rotella in ihren Décollagen auf die dadaistische Collage zurück.

Anleitung

Aus Tageszeitungen, Illustrierten, Papp- und Papierresten usw. wird „Material" geschöpft und auf vorbereitete Pappbögen aufgeklebt. Lassen Sie sich von den genannten Arbeitstechniken inspirieren !
Die Collagen Raoul Hausmanns lassen ein großes Aggressionspotential spürbar werden: Er zerriß, ja er pulverisierte fast die Papierstreifen für seine Arbeiten.

Variation: Collage à la Merz

Der Dadaist oder genauer gesagt der Merzkünstler Kurt Schwitters aus Hannover war ein liebevoller Sammler, sein Hauptaugenmerk galt dem Zusammenfügen. Er wollte neue Welten kreien, umstrukturieren. Seine Collagen setzen sich aus unterschiedlichsten Fundstücken zusammen.

Anleitung

Sammeln Sie Papiere, Blätter, Tickets..., Fundstücke aus der Umgebung, arrangieren Sie diese und kleben Sie sie auf einen Pappbogen. Ein kaleidoskopartiges Bild unserer Alltagskultur soll entstehen.

Fotomontage

Materialien und Elemente der dadaistischen Fotomontage

Fotos von Reproduktionen technischer Gegenstände zur Verkörperung motorischer Impulskraft (Kugellager, Baggergreifer, Zahnräder usw.), Abbildungen von zeitgeschichtlichen Persönlichkeiten aus Illustrierten (Albert Einstein, Max Reinhart, Lenin usw.), Fotos der Freunde, Texte, z. B. aus dem DADA-Almanach ausgeschnitten („he, he, sie, junger mann, dada ist keine kunstrichtung"/ "Einstein Relativierung der Kunst.").

Aus der dadaistischen Fotomontage ist auch die politische Fotomontage hervorgegangen. Diese versucht, mittels des Tricks der durch das Foto vermittelten scheinbaren Authentizität, Meinung zu beeinflussen, zu überzeugen, zu irritieren. (Weitere Entwicklung: El Lissitzky, Rodtschenko, Plakatkunst der UdSSR um 1930, John Heartfield, Max Ernst, écriture automatique, von André Breton eingeführt, Klaus Staeck)

Anleitung

Schneiden Sie aus Illustrierten, Urlaubsfotos und anderem Bildmaterial Gegenstände und Bildhintergründe aus. Kombinieren Sie nun neu: Bären vor dem Schulgebäude, das Brandenburger Tor im Eismeer; erinnern Sie sich an Klaus Staeck; verschieben Sie Perspektiven, schaffen Sie neue Sinnzusammenhänge. Kopieren Sie die Klebarbeiten, um ein planes Ergebnis zu erhalten, bei dem die Schnittkanten verschwinden. Das Material für die Fotomontage kann auch vorher thematisch eingegrenzt werden (Gesichter, Sportler, Maschinen, Landschaft).

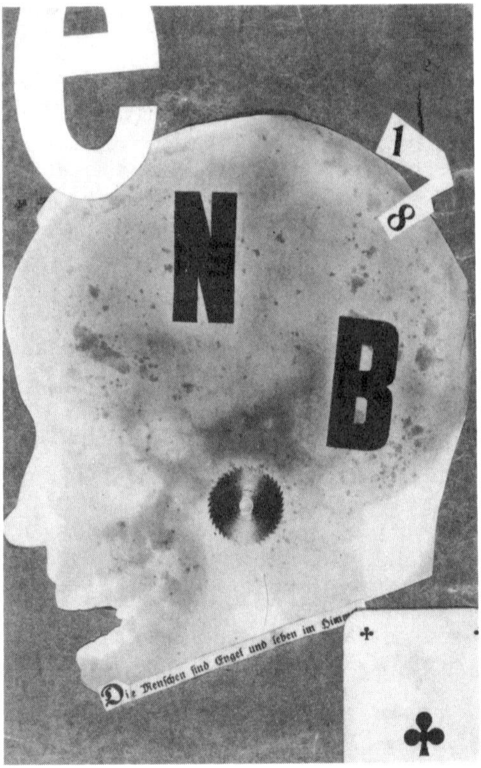

Raoul Hausmann, Die Menschen sind Engel und leben im Himmel, 1921, Collage und Photomontage, Berlinische Galerie, Landesmuseum für Moderne Kunst, Photographie und Architektur

HADO - Buch

Ein Kompendium aus Collagen und Fotomontagen

Im Jahr A1 der dadaistischen Zeitrechnung schuf Oberdada Johannes Baader sein erstes Handbuch des Oberdadaismus. Auf Zeitungsseiten, die er durch Kommentare, Zeitungsausrisse, Fotoausschnitte und andere Materialien veränderte, schoß er gegen Politiker und andere Möchtegern-Größen der Weimarer Republik, gegen alle Schlechtigkeiten des heruntergekommenen Nachkriegsdeutschlands. Präsentiert wurde das Buch vom nackten Baader nach Anmeldung in der Dadazentrale. Das Buch ist heute verschollen. Ob es je existiert hat?

HADO-Werkstatt in der Berlinischen Galerie

Anleitung

Das von Hand gefertigte Hado-Buch mit dem Format 30 x 40 cm war 15 cm dick. Bereiten Sie Zeitungsseiten in dieser Größe vor und halten Sie genügend weiteres Material zum Collagieren bereit. (Die ortsansässige Presse ist meist sehr großzügig und hilfsbereit.) Mit Hilfe von Scheren, Klebestiften und Schreibwerkzeugen können heutige Tagesereignisse aufs Korn genommen werden, Akzente und Pointen gesetzt werden.
Die verschiedenen Collagen sammeln und zu einem Buch zusammenfügen. Ein „archivarisches" Kompendium zum aktuellen Tagesgeschehen entsteht.

Zu-Falls-Entscheidungen - Sprachcollagen

Gedichte à la Tristan Tzara

Aus irgendeinem Textstück werden nach Belieben Wörter ausgeschnitten, in eine Tüte gesteckt, vermischt und ausgeschüttet. Der Zufall nun ergibt das neue Gedicht. Hans Arp verwendete dieses Verfahren als Bildcollagetechnik.

Anleitung (Tzaras Rezeptur)

„nimm eine zeitung, nimm eine schere, suche einen artikel aus von der länge des gedichts, das du machen willst. schneide ihn aus. dann schneide jedes seiner wörter aus und tue es in einen beutel. schüttele ihn. dann nimm einen ausschnitt nach dem anderen heraus und schreibe ihn ab. das gedicht wird sein wie du.“

Poetische Assemblage (Freie Rezitationsübung)

Ursprünglich haben Hausmann und Baader die Texte der klassischen Literatur durch wahlloses Vorlesen von Kapitelbruchstücken neu montiert. Heute kann man zu den Klassikern auch das örtliche Telefonbuch zählen.

Anleitung

Zwei Personen, die zufällig ein Buch in der Tasche haben, lesen sich gegenseitig wahllos Passagen aus ihren Büchern in der Öffentlichkeit (oder in der Öffentlichkeit des Seminarraums) vor. Hallende Räume wie in Museen, U-Bahnhöfen, Aulen usw. steigern die Lust am Vortrag. Stimme ausprobieren: Leise, laut, getragen... Eventuell das Happening mit dem Recorder aufzeichnen.

Optophonetische Gedichte

Es ist gar nicht so einfach, aus dem Nichts heraus Buchstaben zu artikulieren, die Zunge - unsinnig gar - schnalzen zu lassen und doch einen ernsthaften, poetischen oder schockierenden Lautvortrag zu rezitieren. Dennoch, Spaß macht es allemal, vor allem wenn man sich gleichzeitig

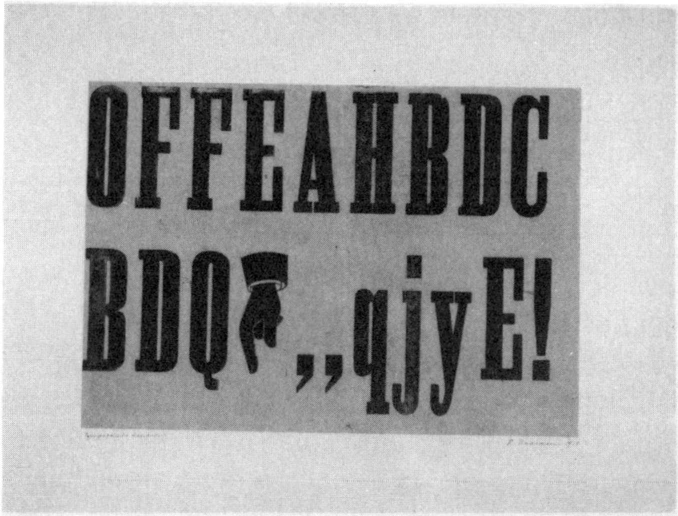

Raoul Hausmann, „OFFEAH“, 1918, Plakatgedicht, Druck auf orangefarbenem Papier, Berlinische Galerie, Landesmuseum für Moderne Kunst, Photographie und Architektur

bemüht, den Lautereigen auch visuell einzufrieren, anschaulich, hörbar zu gestalten. Mit dem Einstieg in diese dadaistische Technik erproben Sie gleichzeitig synästhetisches Erfahren und eine erste Beschäftigung mit Typographie.

Anleitung

Formulieren Sie präzise, getragen, nuschelig, weich, spitz, laut und flüsternd Reihen von aneinander gesetzen Lauten. Versuchen Sie, diese auf einem Blatt Papier zu skizzieren und zwar so, daß Sie das Gefühl haben, an Ausdruck, Schriftbild und Buchstabengröße den unterschiedlichen Tonwert des Lautes wiederzuerkennen. Diese Skizze ist Ihr optophonetisches Gedicht. Es kann natürlich überarbeitet werden: mit dem Computer, Eddingstiften, Zeitungsbuchstaben...

Kurzführung mit Lautgedichten

Leichter gelingen Lautgedichte, wenn man eine Orientierungshilfe hat, z. B. einen Gegenstand, den man mit Lauten kommentiert. Warum nicht Dada-Schöpfungen lautinterpretatorisch umsetzen, und zwar vor Originalen im Museum. Das Suchen nach Worten fällt weg, wird ersetzt durch einen emotionsgeladenen, ausdrucksstark subjektiven Vortrag, quasi aus dem Bauch heraus.

Anleitung

Besuchen Sie in einer Gruppe den Dada-Raum Ihres Museums. (Die Methode läßt sich auch vor Kunstwerken anderer Richtungen anwenden). Jeder Teilnehmer sucht sich nun ein Exponat, das ihn besonders berührt oder abstößt und versucht, seine Empfindungen als Komposition in Form eines Lautgedichtes zu formulieren. Dazu braucht es kein besonderes Hintergrundwissen. Die subjektive Interpretation wird in einer Skizze festgehalten.

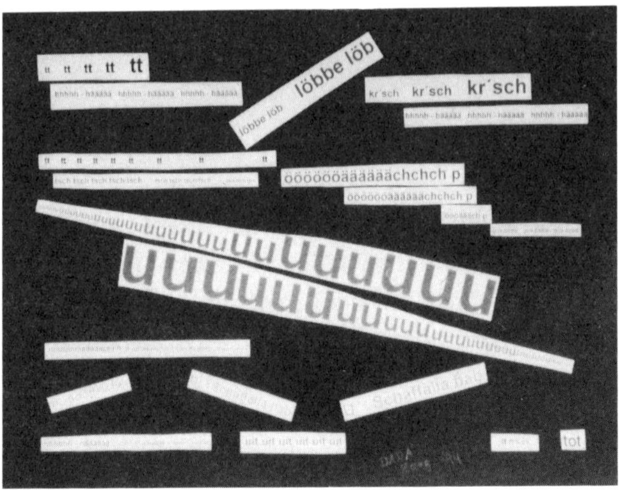

Optophonetische Umsetzung der Collage und Photomontage „Selbstporträt des Dadasophen“

„Dadablitz" mit seinem Lautgedicht

Produktionszeit ca. 15 Minuten. Danach stellt jeder „sein" Ausstellungsstück nach Dadamanier vor. Er liest laut sein Gedicht vor dem Exponat. Die einzelnen Objekte werden durch dieses subjektive Erfahren gut in Erinnerung bleiben, ein erster Zugang zu Dada wird geschaffen. Das Lautgedicht läßt sich auch als optophonetisches Gedicht visuell gestalten.

Optophonetische Kurzführung als Installation – Lautgedichte zum Sehen und zum Hören

Anleitung

Die Lautgedichte werden mit einem Recorder aufgezeichnet, die optophonetischen Gedichte überarbeitet und gerahmt, Farbkopien der interpretierten Exponate gezogen. Farbkopie und optophonetische Interpretation werden einander gegenübergestellt, an einer Wand aufgehängt. Über Kopfhörer lassen sich die Lautvorträge abhören.

Bruitistisches Conzerrt

Die Neodadaisten rücken in fünf Sätzen dem guten Geschmack und Gehör auf den Leib. Alles ist erlaubt. Ein kakophonisches Erlebnis der Sonderklasse. Lautüberschneidungen und Tonzersetzungen möglich! Vor der Aufführung mehrmals proben oder besser, die ungewöhnlichen Lautinstrumente erst mal testen.

Anleitung

Jeder bringt zwei bis drei Instrumente mit, von der Babypuppe über den Hammer, einen quietschenden Locher bis hin zum Kochlöffel.

Bluffs und Wortwitz

Ein Bluff ist eine Irreführung. Ein Bluff kann auch einschüchtern. Es wird ein Anschein erweckt, der in der Realität gar nicht eingelöst werden kann.

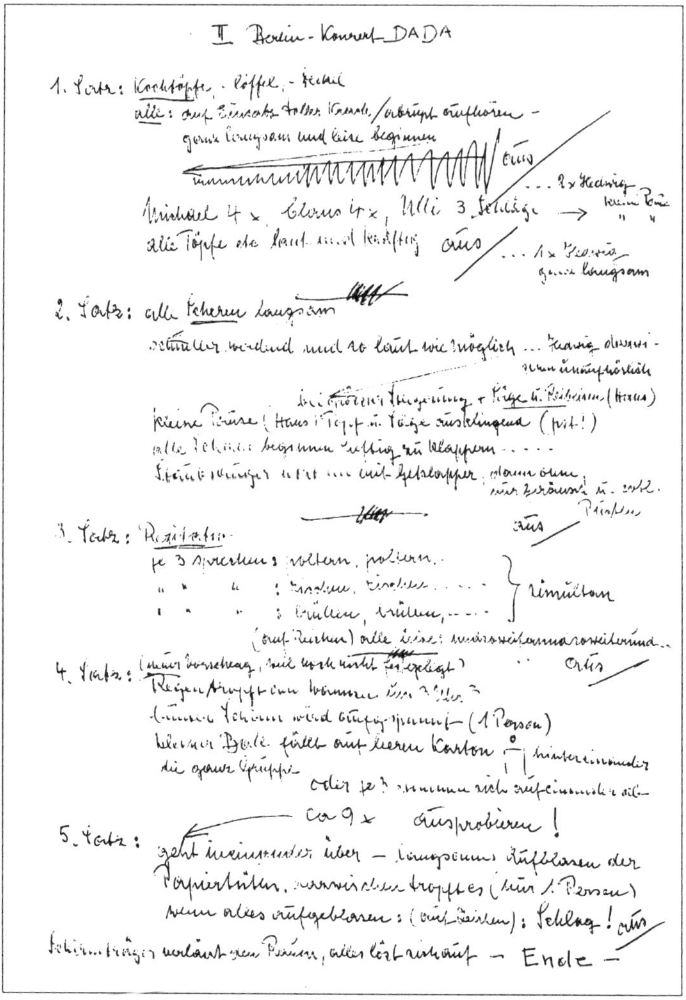
II Berlin-Konzert DADA

1. Satz: Kochtöpfe, - Löffel, - Deckel
alle: auf Einsatz toller Krach / abrupt aufhören -
ganz langsam und leise beginnen
aus
... 2x Hedwig
Michael 4x, Claus 4x, Ulli 3 Schläge → keine Pause
alle Töpfe etc laut und kräftig aus / ... 1x Hedwig
ganz langsam

2. Satz: alle Scheren langsam
schneller werdend und so laut wie möglich ... Hedwig dazwischen ununterbrochen
bei größter Steigerung + Säge u. Reibeisen (Hans)
keine Pause (Hans: Topf u. Säge ausklingend (pst!)
alle Scheren beginnen [illegible] zu klappern ....
Schirmträger [illegible] mitgeklappert, dann ohne [illegible] Geräusch u. [illegible] Pfeifen
aus

3. Satz: Rezitation
je 3 sprechen: poltern, poltern...
" " " : [illegible]...
" " " : brüllen, brüllen,...
simultan
(auf Zeichen) alle leise: [illegible]...
4. Satz: (mein Vorschlag, will noch nicht festgelegt) ... aus
Regentropfen [illegible]
[illegible] Schirm wird aufgespannt - (1 Person)
kleiner Ball fällt auf leeren Karton - hintereinander
die ganze Gruppe
oder je 3 [illegible] sich aufeinander [illegible]
ca 9x ausprobieren!
5. Satz: geht ineinander über - langsames Aufblasen der Papiertüten, dazwischen tropfen (nur 1. Person)
wenn alles aufgeblasen: (auf Zeichen): Schlag! aus
Schirmträger verlässt den Raum, alles löst sich auf - Ende -

Libretto zu einem bruitistischen Concerrt von Lilly Knackfuß

An alle Berlinerinnen
und Berliner!

KOHL ENTMACHTET!

Bundesdruckerei stellt den Notendruck ein

Kundgebung am
John - F. - Kennedy - Platz

Heute, 27. August 1994, 18.30

Es spricht:

Jugendsenator Krüger

Anleitung

Formulieren Sie irreführende Weisheiten oder Kommentare zum Tagesgeschehen. Achten Sie dabei streng auf die Vorschriften des StGb und des bürgerlichen Gesetzgebers. Lust, Scherz, Ironie und Satire sind erlaubt. Versuchen Sie, Bluffartikel in der Öffentlichkeit zu lancieren. Drucken Sie Plakatvorlagen mit dem Computer; im Copyshop vergrößern lassen. Verkaufen Sie Ihre Interviews an die Radiostationen.

Aufstand des Aufsichtspersonals

Kärtchen mit lustigen, verwirrenden Aufschriften werden den Besuchern einer Dada-Sonderausstellung kommentarlos unter die Nase gehalten.

Anleitung

In dadaistischer Manier werden verwirrungsstiftende Fünf-Wort-Texte als Reihum-Schreiben verfaßt *(siehe Kapitel „Reihum-Schreibspiel")*. Jeder schreibt ein Wort auf ein Blatt Papier und gibt dieses weiter, ergänzt das darauffolgende Blatt um einen Begriff, reicht es weiter, usw., bis ein Satz aus fünf Wörtern entstanden ist. „Was / Sie / sind / noch / hier!", „Vorsicht / Ihr / Hausmeister / ist / da!" Drucken Sie die Sprüche mit Computer gut lesbar auf buntes, festes Papier in Postkartengröße: In der Ausstellung den Besuchern zum Lesen hinhalten. Vielleicht läßt sich auch der oder die eine oder andere aus dem Aufsichtspersonal zu einem stillen Bluffaufstand bewegen!

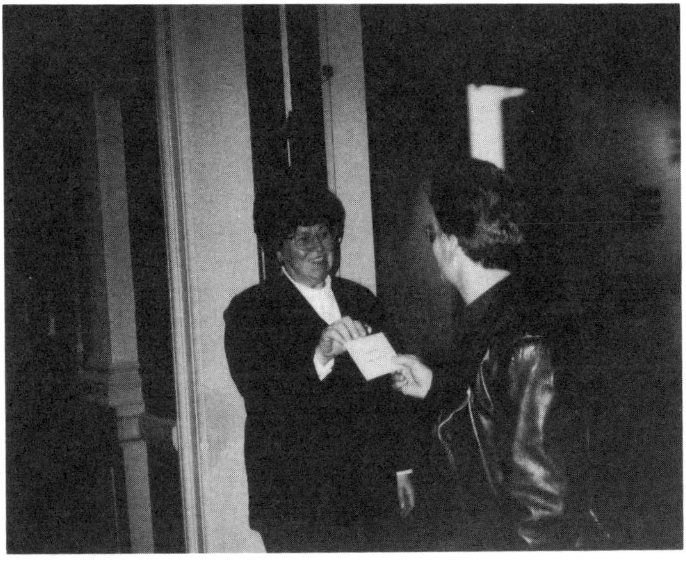

Museumsaufseher zeigen Besuchern provokante Kärtchen

Unterschriftenaktion am Stutti

Neodadaisten setzen ihre Marken

Eine Aktion, die sich mit etwas Phantasie überall umsetzen läßt. Sie ist nicht orts- oder persönlichkeitsgebunden, braucht aber etwas mutige Teilnehmer. Suchen Sie nach einem geeigneten dadaistischen Hintergrund für eine Unterschriftenaktion in der Öffentlichkeit.

Der Künstler Raoul Hausmann wohnte unter anderem in der Kaiser-Friedrich-Straße 123 am Stuttgarter Platz in Berlin. Das Haus steht heute noch, wurde aber bisher nicht mit einer Erinnerungsplakette versehen. Auch während der Hausmann-Retrospektive kam niemand auf die Idee, für den Dadasophen ein Denkmal einzurichten. Grund genug für eine Bluff-Unterschriftenaktion.

Anleitung

Unterschriftenlisten entwerfen, die nach der Aktion dem Bürgermeister übergeben werden sollen: „Ich bin gegen Dadaisten in unserer Stadt, weil..." Einen Anti-Dadastand in der Nähe des ehemaligen Wohnhauses aufstellen. Werden Sie sich über das Erscheinungsbild der Dadagegner klar, Standschmuck und Uniformen. Etwa kniehohe Anbindevorrichtungen für den Deutschen Schäferhund und etwas niedrigere für den reinrassigen Dackel sind essentielle Vorrichtungen, um ein gewisses Stammpublikum zu erreichen. Presse und Polizei einladen. Nach einigen Stunden ist der Ulk vorbei, dennoch wird dezent ein Zeichen gesetzt.

Dada-Kit. Die Werkzeugkiste für den Dadaisten

Papier, Stift, eine Schere oder eine Ladung Sprengkraft, Kleber, eventuell eine Lupe, vielleicht eine Reiseschreibmaschine oder einen Kassettenrecorder und einen Sack voll Sprach- und Sehmaterial aus der Wirklichkeit. Ausgangspunkt darf alles sein - vom guten oder schlechten Buch über das Urlaubsphoto bis hin zum Stofftier oder Butterbrotpapier. Mit einer guten Prise Zufall und Zündstoff den Schnipselsalat für Auge und Ohr bereiten!
Merke: Dada haßt die Dummheit und liebt den Unsinn.

Wegzeichen im Museum

Mit dem Walkman zur Kunst

Ich schlendere durch die Berlinische Galerie. Mein Begleiter ist ein Walkman. Die Arbeitsgruppe „Wegzeichen" lädt mich ein, das Museum „einmal ganz anders zu erleben: keine anstrengende Führung, keine zusätzlichen Informationstafeln". Ich komme in einen luftdurchfächerten Raum mit Metallobjekten von George Rickey. Ich sehe drei auf eine Säule montierte Stäbe, die der Wind bewegt. Ich höre Sphärenmusik, Klänge einer anderen Welt. Ruhe stellt sich ein. Ich beobachte die Auf- und Abbewegungen der spitzen Stäbe. Sie durchschneiden in immer wechselnden Richtungen den Horizont. Töne werden kurz angeschlagen und klingen allmählich aus. „Luft - Lyrik - Äolische Harfe..." Mein Blick wandert zu sechs Dreiecken aus Edelstahl, die wie Blätter einer Blüte wirken. Auch sie berührt der Wind. Ich bin jetzt ganz

George Rickey, 6 Dreiecke/Hexagon 3, 1978, Berlinische Galerie, Museum für Moderne Kunst, Photographie und Architektur

bei mir. Eine Stimme ruft: „Hexagon - Tetraeder - Kubus". Merkwürdige Einfälle, die die Geometrie der Kunst liefert... Ich setze meinen Weg fort. Der akustische Spaziergang führt mich zu Bildern von Ludwig Meidner, die die Menschheitsdämmerung des ersten Weltkriegs beschwören. Er weist mich aber auch wieder hinaus in die turbulenten Straßen der Metropole Berlin. Ich höre Tangomusik und eine Hymne auf „Unsere liebe Frau von der Tauentzienstraße". Nicht nur der Expressionist Ernst Ludwig Kirchner bannte Straßenszenen mit Kokotten und Bohémiens ins Bild, auch der Kubist Heinrich Richter-Berlin nahm den „Leichtsinn ins Visier, der hier Einzug gehalten hat". Ich höre: „Das Tauentziengirl ist keine Romanerfindung, es existiert wirklich." Ich sehe eine Madonna im Arm eines Dandys, lichtdurchflutet wie das Fenster einer gotischen Kathedrale.
Mein Rundgang endet vor dem Bild „Die Mondkanone" von Heinz Trökes. Es zeigt eine surreale Landschaft. Im Vordergrund erkenne ich ein Knochenwesen mit einem Fischleib -

Heinz Trökes, Die Mondkanone, 1946, Berlinische Galerie, Museum für Moderne Kunst, Photographie und Architektur

die liebliche Meerjungfrau aus Kopenhagen nur noch als ein Schatten ihrer selbst. Aufgewühlte Musik dringt in meine Ohren. Die Landschaft wirkt friedlich, obgleich sie von einer feuerspeienden Kanone durchkreuzt wird. Ich höre: „Oh nein, Herr Oberst, oh nein! In diesen Nächten, wo die Toten kommen, da ist er weiß und krank... Der Mond ist weiß und krank in diesen Nächten, wo die Toten kommen." Meine Augen sperren sich gegen die Töne. Sie wollen das friedliche Blau des Himmel aufsaugen. Doch Musik und Text geben keine Ruhe. Sie treiben immer schneller voran: „Blut, Blut... Dann stehen sie auf aus den Massengräbern..." Die durch das Bild purzelnden Figuren bekommen etwas Gespenstisches. Obwohl Farben und Landschaft Idylle verbreiten, bleibt ein Unbehagen zurück. Irgendetwas in der hoffnungsvollen Zeit nach dem 2. Weltkrieg war wohl doch nicht in Ordnung.

Die Wegzeichen-Idee

Das Museum ist ein Ort, in dem sich Besucher erst zurechtfinden müssen. Aus diesem Grund geben viele Museen im Eingangsbereich Orientierungspläne. Sie erleichtern den Rundgang vor allem in großen Museen und ermöglichen es, sich auf bestimmte Interessengebiete zu konzentrieren. Weitere Hinweise finden sich vor Ort in den einzelnen Räumen. Manchmal sind sie mit einem bestimmten Namen bezeichnet, z. B. „Italienische Renaissance", ab und zu gibt es Kurzeinführungen auf einer Tafel, und meist enthält ein kleines Schild neben dem Kunstwerk den Namen des Künstlers bzw. der Künstlerin, den Titel und das Entstehungsjahr des Werkes. Mehr Informationen sind heute eine Seltenheit, es sei denn, es handelt sich um ein historisches Museum. Die Museen der Gegenwartskunst dagegen enthalten sich zumeist kommentierender Bemerkungen zur ausgestellten Kunst. Das war nicht immer so. Noch vor einigen Jahren, unter dem Eindruck emanzipatorischer Bildungsbewegungen, wurden museumspädagogische Dienste geschaffen, und es wurde Wert auf pädagogisch orientierte Informationen zur Kunst gelegt. Ein noch immer sichtbares Beispiel dafür sind bestimmte Abteilungen im Sprengel-Museum in Hannover. Hier haben Museumspädagogen in kleinen Bereichen, die durch eine Wand von den Bildern oder Skulpturen abgetrennt sind, Hintergrundinformationen zur Geschichte oder zu formalen Fragen der Kunst gegeben. Nun waren und sind solche Hinweise nicht jedermanns Geschmack. Hatte das Publikum doch gelegentlich den Eindruck, zu sehr belehrt und bevormundet zu werden und die Aura der Kunstwerke nicht mehr spüren und genießen zu können. Die Kunstmuseen nahmen sich die Kritik zu Herzen. Inzwischen hat sich weitgehend reine Kunstpräsentation durchgesetzt. Aber muß man denn das Kind mit dem Bade ausschütten? Helfende Informationen, anregende Hinweise scheuen manche Museumsmacher wie der Teufel das Weihwasser. Jetzt gilt: Kunst braucht keine Deutungshilfen. Unterstrichen werden vor allem Raumbezüge und Korrespondenzen der Kunstwerke zueinander. Museumsbesucher sind nun wieder auf sich selbst verwiesen oder auf Kataloge, durch die sie sich wälzen müssen.

Das Problem liegt zutage. Doch wie läßt es sich lösen? Die Ästhetik der Kunst wollen wir erleben. Überfrachtende und erziehende Hilfen lieben wir nicht. Die Inszenierung der Kunst ohne irgendwelche Orientierungsmöglichkeiten mag im privaten Raum oder in einem Kontext wie z. B. der Kirche, der sich den Gläubigen durch ihre religiösen Vorkenntnisse erschließt, angemessen sein. Ob etwa eine Allegorie von Caravaggio oder eine Installation von Joseph Beuys sich ausreichend erschließt, wenn im

Museum selbst keinerlei weitere Informationen oder Anregungen gegeben werden außer Titel, Künstlername, Jahr der Enstehung, ist fraglich. Aus vielen Begegnungen mit Museumsbesuchern wissen wir, daß sie sich gelegentlich allein gelassen, orientierungslos oder provoziert fühlen. Oft bleiben sie ohne eine echte Chance zur Information über ein Kunstwerk, zur Annäherung an ein Kunstwerk oder zur Artikulation eigener Empfindungen und Gedanken.

Wir versuchen, eine kommunikationsfreundliche Rezeptionssituation herzustellen. Wir ermuntern Besucher, sich aktiv und kreativ zur Kunst zu äußern. Kunstinteressierten Laien geben wir Gelegenheit, eigene Vorschläge zur Rezeption von Kunst im Museum zu machen und zu realisieren. Dies ist für Museen im Moment noch ungewöhnlich und fremd. Wir glauben aber, daß Kunstmuseen sich im Laufe der Zeit den Wahrnehmungsgewohnheiten und -ansprüchen ihrer Besucher öffnen werden, ähnlich wie in der Alltagsgeschichtsforschung, die die Lebenserfahrungen zu einem wichtigen Teil der Rekonstruktion von Geschichte gemacht hat und deshalb auch in viele historische Museen eingezogen ist.

In den Werkstätten „Fenster zur Kunst" haben wir versucht, die Lust an der Kunst zu fördern und darüber hinaus das Interesse von Museumsbesuchern, im Museum selbst aktiv mitzuwirken. Die scheinbar einfachen Fragen, die oft gar nicht gestellt werden, hier können sie zum Salz in der Suppe werden. Unsere Aufmerksamkeit gilt dem unvoreingenommenen Blick, der noch nicht vom kunsthistorischen Wissen befrachteten Wahrnehmung. Diesen brachliegenden Schätzen wollen wir bei der Vermittlung von Kunst im Museum mehr Beachtung schenken. Wir motivieren die Teilnehmer an unseren Werkstätten, sich persönliche Zugänge zur Kunst zuzutrauen und diese im Museum öffentlich zu machen.

FENSTER ZUR KUNST

INSPIRATIONEN

für Museumsbesucher

Der Museumspädagogische Dienst Berlin und das Institut für Kreatives Schreiben Berlin veranstalteten drei Werkstatt-Seminare unter dem Motto"Fenster zur Kunst".

Kunstliebhaber, die keine Kunstexperten sind, haben zum Teil ungewöhnliche Zugänge zur Kunst entwickelt. Sie regen die Sinne an, machen den Museumsbesuch zum Genuß und öffnen einen Blick hinter die Kulissen der Kunst.

Lust auf Bilder? Mit Hörbeispielen, Aktionen und Installationen laden wir Sie ein, die Kunst der Berlinischen Galerie einmal anders kennenzulernen.

Eine Aktion des Museumspädagogischen Dienstes Berlin und des Instituts für Kreatives Schreiben Berlin

17. 12. 1993 von 17 bis 19 Uhr

MUSEUMSPÄDAGOGISCHER DIENST BERLIN

Institut für Kreatives Schreiben Berlin

Ort:
Berlinische Galerie, Martin-Gropius-Bau,
Stresemannstraße 110
10963 Berlin-Kreuzberg

Mitwirkende:
Ruth Banke, Gisela Bürks, Erika Dahlke, Gunhild Flöter, Uli Grimm, Eckhard Häusgen, Uwe Heiden, Annette Hoff, Ingelore Kerkau, Lilli Knackfuss, Mirja-Lisa Mahringer, Margret Mühle, Inge Panser, Katja Reissner, Ortrud Rubelt, Aya Soika, Sibylle Schmitt, Hannelore Vittinghoff, Bernd Wagner, Ruth Weie, Carola Welt

Leitung:
Michael Drechsler, Claudia Cremer
Museumspädagogischer Dienst Berlin
Claus Mischon
Institut für Kreatives Schreiben Berlin

Grafik:
Susanne Olschewski, (MD Berlin)

Toncollage:
Elvire Dörr, (MD Berlin)

Öffentlichkeitsarbeit:
Bettina Israel, (MD Berlin)

Museumspädagogischer Dienst Berlin
Chausseestraße 123, 10115 Berlin
Tel.: 280 51 51

Institut für Kreatives Schreiben Berlin
Bamberger Straße 52, 10777 Berlin

Verwendete Abbildungen aus der Berlinischen Galerie:
1 George Rickey, Sechs Dreiecke, Hexagon 3 , 1976
2 Christian Schad, Ludwig Bäumer (Ausschnitt), 1927
3 Alexander Camaro, Die Schaukel (Ausschnitt), 1986/88

Wegzeichen
Orientierung finden in der Kunst und im Museum ist nicht einfach. Wegzeichen könnten Besucher ermuntern, nach Kunstwerken Ausschau zu halten, die ihrer Tagesstimmung entsprechen oder bestimmte Empfindungen wie "warm-kalt", "laut-leise" hervorrufen. Wenn Sie den Klängen, Musikstücken und Texten folgen, die wir für Sie ausgesucht haben, können Sie vor Ort sehen, hören und spüren, was die Kunst in dieser Stadt offenbart, welcher Zeitgeist die Künstler getragen hat.

Abb. 1

Neue Sachlichkeit
Gibts was Neues? Irgendwelche neuen Sachen?
Ja! Hier im Haus. Im Raum der Neuen Sachlichkeit. Bei den Bildern aus den Zwanziger Jahren. Dort warten die Sachen auf Sie. Dort liegt das Neue auf der Hand.
Packen Sie zu. Lassen Sie sich von den Dingen leiten. Die Antworten werden Sie überraschen. Es werden Ihre Antworten sein. Schreiben Sie auf, "was Sache ist".

Abb. 2

Alexander Camaro
Die Bilder von Alexander Camaro sind wie ein Flüstern. Erinnerungen, Gedanken und emotionale Zustände, die in ihnen verwoben sind, lassen sich nur schwer fassen und gewiß nicht eindeutig entschlüsseln.
Die einzige Möglichkeit, etwas von diesen geheimnisvollen Gemälden zu erfahren, besteht darin, in sich selbst eine unsichtbare Tür zu öffnen ...
Falls Sie einem grünen Mann begegnen, ist das eine Halluzination.

Abb. 3

Wegzeichen

Zitate und Hörbeispiele zu ausgewählten Kunstwerken

George Rickey
Raum 1

Ludwig Meidner
Heinrich Richter-Berlin
Raum 2

Otto Möller
Raum 3

Hermann Bachmann
Herta Baerwinkel-Leue
Heinz Trökes
Raum 5

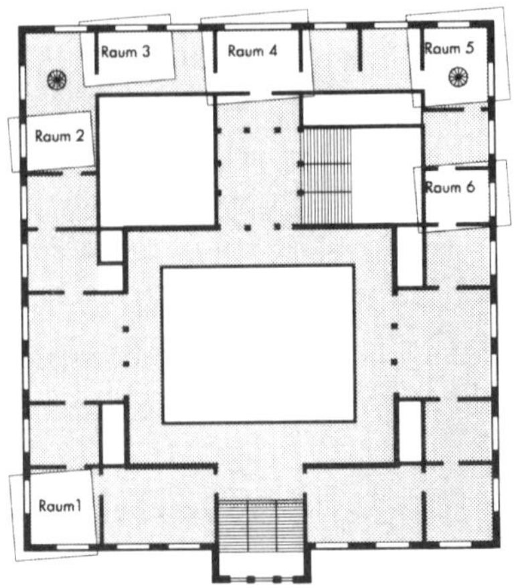

Neue Sachlichkeit

Schreibaktion mit Gegenständen, die zum Dialog mit den Kunstwerken verführt

Raum 4

Alexander Camaro

Klanginstallation
Mandala
Performance

Raum 6

Die Museumsbesucher erhalten im Museum ein Forum, sich zu artikulieren - durch eigene schöpferische Tätigkeit, durch Aktionen oder durch Beiträge, die die Orientierung im Museum erleichtern. Sie können Objekte erfinden, die einen spielerischen Zugang zu Kunstwerken eröffnen. Sie erhalten Gelegenheit, sich im Museum einmal anders als sonst zu bewegen und zu äußern, z. B. in einer Performance oder mit der Interpretation einer Dadacollage durch ein Lautgedicht (siehe Kapitel „Alexander Camaro", „Der deutsche Spiesser..."). Wir fragen aber auch, wie dem ständigen Mangel an Informationen und Anregungen beizukommen ist. Was kann getan werden, damit das „Window-Shopping-Verhalten" des eiligen Besuchers wenigstens gelegentlich eine kleine Unterbrechung erfährt? Um da ein bißchen Abhilfe zu schaffen, schlagen wir vor, Wegzeichen zu entwerfen und zu realisieren, die im Museum für eine gewisse Zeit installiert werden.

Was ist ein Wegzeichen? Wie könnten Wegzeichen im Museum aussehen? Welche Funktion haben sie? Welche Möglichkeiten gibt es, solche Vorschläge im Museum umzusetzen?

Wenn wir an Wegzeichen denken, so kommt uns zunächst deren Signalwirkung in den Sinn, auch ihr Gebots- und Verbotscharakter. Erst im zweiten Gedankenanlauf fällt uns vielleicht ein, daß Wegzeichen tatsächlich oft den richtigen Weg zum angestrebten Ziel weisen. In diesem Sinne können wir Wegzeichen auch im Museum einsetzen. Sie sind knapp und verständlich, fallen ins Auge (oder in die Nase, ins Gehör) und, weil wir weder Gebots- und Verbotsschilder aufstellen wollen, regen sie an, sich etwas intensiver als sonst mit einem Kunstwerk zu beschäftigen.

Wegzeichen können verbal oder nonverbal sein, schriftlich oder bildlich, zweidimensional oder dreidimensional, optisch, akustisch, haptisch oder olfaktorisch wahrnehmbar. Möglich sind auch komplexere Beiträge zur Kunst in Form von Installationen, Lichtsignalen, Toncollagen usw. Sie könnten zusammen mit Mitarbeitern des Museums erprobt und präsentiert werden. Die Wegzeichen, die in den Werkstätten „Fenster zur Kunst" entwickelt werden, können so die bestehenden musealen Hilfen, die Informationsblätter, Führungen, Kataloge usw. ergänzen.
Eine Projektwerkstatt mit diesen Intentionen ist ein 'work in progress', etwas, das sich erst entwickelt, eine neue Art der gemeinsamen Kunstbetrachtung, des gemeinsamen Museumsbesuchs. Am Ende dieses Prozesses steht ein Ergebnis, das sich auf die Themen und Kunstwerke des Museums bezieht, vielleicht auch auf das Museum als Ganzes.

Im folgenden stellen wir einige Ideen für Wegzeichen vor, die in unseren Werkstätten der Reihe „Fenster zur Kunst" gemacht wurden:

Wegzeichen außerhalb der Ausstellungsräume bzw. des Museums

Anzeigetafel auf dem Rhein-Main-Flughafen

„Zur Zeit befinden sich
301 Kunstwerke und
24 Besucherinnen und Besucher
in der Schirn-Kunsthalle.
Sie schauen sich die Ausstellung „Aufbruch der Moderne" an.
Ihre durchschnittliche Gehgeschwindigkeit beträgt 0,8 km/h."

Werbeschaufenster im „Kaufhaus des Westens"
Im Eckfenster an der Tauentzien-/Passauer Straße sprechen Puppen mit dem Outfit von Porträtfiguren aus dem Raum der Neuen Sachlichkeit der Berlinischen Galerie (z. B. die sitzende Jenny, George Grosz mit Pfeife und Hut, der Dichter von Lücken) die Passanten direkt an: „Wir laden Sie ein zu uns ins Museum. Kommen sie doch am Sonntagnachmittag zum Kaffee. Wir erwarten Sie in der Berlinischen Galerie in der Stresemannstraße. Von 10 Uhr bis um 17 Uhr sind wir da."

Ein altes Horch-Auto vor dem Martin-Gropius-Bau
Darin befinden sich die obenerwähnten Figuren und verweisen auf die Ausstellung in der Berlinische Galerie.

Kunst strahlt nach außen
Ein Scheinwerfer im Innern eines Museums wirft den Schatten einer Skulptur oder ein farbiges Bildmotiv weit sichtbar nach draußen.

Direktübertragung
Interviews mit Künstlern, Tondokumente von Aktionen, Streitgespräche über die Kunst werden von Lautsprechern übertragen, die auf dem Vorplatz des Museums aufgestellt sind.

„Naum-Gabo-Woche"
In der Caféteria gibt es russische Speisen und Getränke.

Wegzeichen in den Ausstellungsräumen

Farbige Schriftbänder an den Treppenstufen zur Berlinischen Galerie. Die Schriftbänder weisen z. B. auf Kunstwerke des Monats hin oder auf besondere Themen, z. B. „Laute Bilder - Leise Bilder“, „Landschaften“, „Künstlerporträts“, die in den Museumsräumen vorgestellt werden.

Wegzeichen als Auftakt im Aufgang zur Berlinischen Galerie

Wegzeichen

Vor den Bildern im Berlin Museum, heute Stadtmuseum Berlin, „U-Bahn-Durchstich in Berlin-Dahlem", 1912, Franz Heckendorf und „U-Bahn-Bau in Berlin-Wilmersdorf", 1911, Ludwig Meidner werden echte Wegzeichen installiert: eine Baustellenabsperrung und Baustellenschild mit Bildhinweisen und einem Fragespiel für die Besucher.

Farbsignale zu Kunstwerken

Im Umfeld ausgewählter Kunstwerke tauchen Farbsignale auf, z. B. ein Quadrat, ein Kreis, ein Dreieck auf dem Fußboden, über dem Eingang.

Zeitsprung

Einer „sachlichen" Stadtansicht aus den Zwanziger Jahren wird eine Fotografie von heute zugefügt. Dazu kommen Texte aus dem Berlin der Weimarer Zeit und heute.

Installation Fuchspelz

Neben dem Triptychon „Caza Muerta" von Alexander Camaro, in dem die Silhouette eines Fuches zu erkennen ist, hängt ein Fuchsmantel.

Künstlerstimmen

Vor einem Kunstwerk kann man per Knopfdruck die Stimme des Künstlers hören - Mal nur ein Lachen oder Interviewauszüge.

Klanginstallation

Im Raum „Neue Sachlichkeit" erzeugt Maschinenkrach eine Fabrikatmosphäre.

Lichtführung zu Skulpturen

Eine Skulptur wird unmerklich durch eine elektronisch gesteuerte Beleuchtungsanlage von unterschiedlichen Seiten angestrahlt. Besondere Partien werden hervorgehoben, die Sichtweise verändert.

Verdunkelung
Ein Raum mit Skulpturen und Plastiken wird verdunkelt.
a. Die Besucher ertasten die Kunstwerke.
b. Die Besucher betrachten die Kunstwerke mit Hilfe von Taschenlampen.

Möbel, die die Perspektive ändern
a. Im Umfeld des auf einem Sockel stehenden „Torso" von Naum Gabo werden verschieden hohe, konstruktiv gestaltete Sitze, Liegen und Podeste für Besucher aufgestellt, die die Perspektive verändern.
b. Hollywood-Schaukel vor einer Siebdruck-Grafik von Andy Warhols „Marilyn"
c. Hängematte vor der leeren Bildfläche des gestohlenen Gemäldes „Der arme Poet" von Carl Spitzweg im Schloß Charlottenburg

Installation eines Gefühlsautomats
Die Besucher werden animiert zu einem 'etwas anderen' Museumsbesuch, zu einer Führung, bei der sie von ihrem subjektiven Tagesgefühl geleitet werden. Einige typische 'Befindlichkeiten' werden im Gefühlsautomaten vorgegeben, z. B. „Heute könnte ich Bäume ausreißen"; „Ich bin vollkommen melancholisch, ständig könnte ich weinen"; „Meine Eifersucht läßt mich nicht los...". Den Besuchern werden dann (je nach ihrer individuellen Gefühlslage) zu entsprechenden Bildern, Plastiken, Skulpturen anregende Rezeptionstips gegeben.

Von der Wegzeichen-Idee zur Verwirklichung

Wie im Kapitel „Projektarbeit im Museum" vorgestellt, erfolgt nach der Ideenfindung ein mehrstufiger Selektionsprozeß, der seinen ersten Abschluß in der Vorstellung der Ideen bei der Museumleitung findet. Hier wird geklärt, welche Wegzeichen-Ideen den Interessen und Erwartungen des Publikums und des Museums entsprechen, wie innovativ sie sind, inwieweit sie dem Thema bzw. den Kunstwerken gerecht werden, welche Vorschläge im Museum integriert und realisiert werden können. Nach diesem Gespräch modifiziert die Projektwerkstatt ihre Entwürfe und kann dann mit der Umsetzung beginnen.

Ein akustischer Spaziergang wird entwickelt

Ein Beispiel: Eine Untergruppe innerhalb der Werkstatt „Wegzeichen" entscheidet sich nach ihrem Gespräch mit der Museumsleitung für die Realisierung von zwei Ideen. Einmal setzt sie sich zum Ziel, einen „alternativen" Wegweiser per Walkman herzustellen. Dazu will sie verschiedene Wegzeichen entwickeln, die die ausgewählten Kunstwerke und Räume für die Benutzer der Tonbandführung leicht erkennbar machen. Der Vorschlag, auf den Treppenstufen zur Berlinischen Galerie farbige Schriftbänder anzubringen, gehört dazu. Die Projektgruppe schaut sich noch einmal im Museum genau um. Statt der ursprünglichen Idee, Kunstwerke nach den Gesichtspunkten „laut - leise" vorzustellen, entscheiden sich die Teilnehmerinnen und Teilnehmer für Gemälde und Plastiken, von denen sie persönlich beeindruckt sind und die eine bestimmte Kunstepoche bzw. den Zeitgeist in der Metropole Berlin besonders deutlich demonstrieren. Es

stellt sich nun die Aufgabe, zu diesen Werken unterstreichende bzw. illustrierende oder auch konträre Texte bzw. Tonbeispiele zu finden. Zunächst recherchiert jeder zu Hause, bei Freunden, in Büchereien oder Tonarchiven.
In gemeinsamen Runden werden die Ergebnisse vorgestellt und ausgewertet. Erneut besuchen die Gruppenmitglieder dann das Museum. Zu den apokalyptischen Stadtbildern von Ludwig Meidner hat ein Teilnehmer im Landesarchiv Berlin eine Tonkassette mit Texten aus dem Roman „Im Westen nichts Neues" von Erich Maria Remarque gefunden. Auf einem mitgebrachten Kassettengerät werden vor den drei Bildern einzelne Passagen der Lesung gespielt. Die Erlebnisschilderung aus dem 1. Weltkrieg unterstreicht in eindrucksvoller Weise die Kriegsvisionen, die Meidner zum Teil schon vor 1914 ins Bild gebannt hat. Alle Anwesenden votieren gemeinsam für die Aufnahme des Tonbeispiels in den akustischen Museumsrundgang. Ein erster wichtiger Baustein ist damit gefunden.
Auch zu dem Gemälde „Unsere liebe Frau von der Tauentzienstraße" von Heinrich Richter-Berlin liegt ein Vorschlag vor. Eine Teilnehmerin zitiert eine Passage aus dem Buch „Die große Promenade" von Fedor von Zobelitz aus dem Jahre 1914. Darin spielt der Autor auf die Mädchen von der Tauentzienstraße an, als hätte er das Bild des Malers vor Augen. Der Text charakterisiert die damalige Halbwelt im Berliner Westen und ironisiert die Doppelmoral der Bürger. Er schreibt: „Heute hat hier der Leichtsinn Einzug gehalten. Goldfliegen und Schmetterlinge herrschen vor, und auch Nachtfalter gibt es zuhauf. Das Tauentzien-Girl ist keine Romanerfindung. Es existiert wirklich... Wenn man die halbwüchsigen Mädel Arm in Arm durch die Straße schlendern sieht, mit kecken Blikken die Vorübergehenden musternd, halb Göre, halb Dirne, dann kann man schon an unserer Erziehung der hö-

heren Töchter ein wenig irre werden..." Der Text findet Beifall, doch es stellt sich die Frage, ob ein akustischer Spaziergang nicht fade daherkommt, wenn nicht zugleich Musik und andere Klangelemente eingefügt werden. Gerade dieses Gemälde und dieser Text könnten eine passende zeitgenössische Musik brauchen. Die Teilnehmerinnen und Teilnehmer werden gebeten, eine Musik zu suchen, die den Eindruck der „sündhaften" Großstadt unterstreicht.

Jedes Kunstwerk erfordert natürlich eine andere Herangehensweise. Vier Fragen stellen sich immer wieder:

a. In welcher Beziehung sollten Text, Musik und andere Geräusche zu einem Kunstwerk stehen?
   Soll das Kunstwerk unterstrichen werden oder ist es besser, einen Kontrast herauszuarbeiten? Wie weit kann man von den Inhalten und der Atmosphäre (der Aura) eines Kunstwerkes abweichen?
b. Wie verbinde ich den Zeitgeist eines Kunstwerks mit dem gegenwärtigen Lebensgefühl?
c. Wie muß ich mich ausdrücken, damit andere das, was ich sagen will, verstehen?
d. Wie stelle ich den Zusammenhang zwischen den einzelnen Beiträgen her?

Die Lösung dieser Fragen bestimmt den weiteren Verlauf. Ein Teilnehmer schlägt vor, drei abstrakte, um 1950 entstandene Gemälde von Hertha Baerwinkel-Leue mit Froschstimmen zu unterlegen. Es entspinnt sich ein heftiger Disput zwischen Gruppenmitgliedern, die den Vorschlag abwegig finden und solchen, die durchaus etwas damit anfangen können. Einige machen auf die organischen Elemente der Bilder aufmerksam. Die Formen sind fließend, die Farbtöne wecken Assoziationen zur Natur, Bilder vom Sommer am Meer kommen in Erinnerung. Eine verheißungsvolle Atmosphäre herrscht. Demgegen-

Heinrich Richter-Berlin, Unsere liebe Frau von der Tauentzienstraße, 1913, Berlinische Galerie, Museum für Moderne Kunst, Photographie und Architektur

über geht es anderen Teilnehmern besonders um die Verständlichkeit einer solchen Sequenz. Was mag ein Museumbesucher vor diesen Bildern denken, wenn plötzlich aus dem Kopfhörer quakende Frösche erschallen? Haben die Autoren des akustischen Spaziergangs sich nur im Ton verwählt, oder sind sie verrückt geworden? Gelöst wird das Problem mit der Idee, statt Froschstimmen andere Geräusche aus der Natur zu nehmen. In der Landesbildstelle und im Fachhandel finden sich Tonkassetten und CDs mit Tierstimmen. Und siehe da, der richtige Klang ist dabei: eine Aufnahme mit Zirptönen von Zikaden. Die Projektgruppe einigt sich darauf, diese Passage zu den Bildern erklingen zu lassen. Allerdings bleiben bei zwei Teilnehmern gewisse Vorbehalte bestehen. (Wie sich später herausstellen wird, sind auch die Museumsbesucher geteilter Meinung über diese Einspielung. Die einen fühlen sich durchaus angesprochen, die anderen blicken und hören, ohne den Bild- und den Klangeindruck miteinander verbinden zu können.)

Die Partitur eines akustischen Spaziergangs

Nachdem die Projektgruppe die wichtigsten Tonaufnahmen (Geräusche, Musikstücke, Originalaufnahmen [O-Töne]) für den akustischen Spaziergang zusammengetragen hat, macht sie eine **Konzeption**. Der chronologische Ablauf wird festgelegt. Um die Orientierung im Museum zu ermöglichen, sollen knappe Einführungtexte verfaßt werden, darüber hinaus sollen Wegzeichen auf die ausgewählten Kunstwerke hinweisen. Diese Konzeption wird vor der endgültigen Realisierung mit der Museumsleitung abgestimmt.

Ist das geschehen, werden die Tonaufnahmen vervollständigt. Sie werden durch selbstgeschriebene Kommentare

Auszug aus der Partitur des „akustischen Spaziergangs“ in der Berlinischen Galerie

Kunstwerke	*Text*	*Min/ Sek Nr.*	*Ton-träger/*	*Musik/ Geräusche*	*Min/ Sek*	*Ton-träger/ Nr.*
Zu den Gemälden von Hertha Baerwinkel-Leue 1 „Abstraktion mit Rot und Gelb“ 2 „Abstraktion mit Gelb“ 3 „Abstraktion mit Blau“	*Gemälde von Hertha Baerwinkel-Leue - Abstraktion mit Rot und Gelb - Abstraktion mit Gelb - Abstraktion mit Blau*	*0'13'' 1/407*	*MC*	*entfällt*	-	-
	(entfällt)	-	-	*Zikaden*	*1'27'' 2/ 290*	*MC*
1 Zum Gemälde von Heinz Trökes „Die Mondkanone“	*Gemälde von Heinz Trökes - Die Mondkanone, 1946*	*0'06''*	*MC 1/415*	*(entfällt)*	-	-
	(entfällt)	-	-	*Béla Bartók: „Tanz Suite“*	*0'08''*	*CD*
	O nein, Herr Oberst, o nein! In diesen Nächten, wo die Toten kommen, da ist er weiß und krank. (bis:) ... blutig über die Welt (Aus: Wolfgang Borchardt: „Draußen vor der Tür“, 1946)	*1'10'' 3/291*	*MC*	*Fortsetzung*	*2'08''*	

oder durch neue Tonaufnahmen, die bisher nicht vorhanden waren, z. B. Straßengeräusche, Sprechsequenzen usw. ergänzt. In Untergruppen werden Aufnahmen vor Ort gemacht. Dann folgt die Aufzeichnung der neuen Textbeiträge. Hierzu wählen die Gruppenmitglieder Sprecherinnen und Sprecher aus. Eventuell finden sich professionelle Sprecher. Wir empfehlen eine Mischung von unterschiedlichen - weiblichen/männlichen - Stimmen, damit der akustische Museumsrundgang abwechslungsreich und lebendig wird. Die Einführungstexte allerdings sollte immer dieselbe Person sprechen.
Erst jetzt folgt die Niederschrift der **Partitur**. Dazu legen wir eine Tabelle mit separaten Spalten für den Text sowie für Musik und Geräusche und die dazu benötigte Zeit an (siehe Zeichnung „Partitur“). Wie die Darstellung zeigt, wird die Zeit jeder Tonaufnahme nach Minuten und Sekunden genau festgelegt. Das heißt, daß das Zusammenspiel von Textbeiträgen und Musik/Geräuschen zuerst erprobt und dann gemessen werden muß.

Ein Beispiel: Bei der Herstellung des akustischen Kommentars zum Bild „Die Mondkanone“ von Heinz Trökes (siehe Abb. S. 184) hat die Projektgruppe folgende Tonaufnahmen ausgewählt:

- Einführungstext
- Textpassage aus dem Roman „Draußen vor der Tür“ (1946) von Wolfgang Borchardt
- Musik aus der „Tanz Suite“ von Béla Bartók

Die einführende Textpassage benennt nur das Bild. Denn zum Raum wurde vorher schon die notwendige Information gegeben. Außerdem wird auf dem Fußboden ein Wegzeichen zu sehen sein.

Weniger einfach ist das Zusammenspiel von Text und Musik. Da die ausgewählte Musiksequenz nur etwa eine Minute und 30 Sekunden zum Bild paßt, muß der Romantext gekürzt werden. Weitere Fragen müssen entschieden werden: Was dürfen wir kürzen, ohne den Sinn zu entstellen? Welche Tendenzen wollen wir als Kontrast zum Gemälde hervorheben? Die Entscheidung erfolgt erst nach längeren Diskussionen und nochmaliger Betrachtung des Kunstwerks: Gekürzt wird schließlich der letzte Teil, da die Passagen zuvor eindrücklich genug den Kontrast zur fast harmonischen Bildwelt demonstrieren und die Einführung des im Roman auftretenden Unteroffiziers Beckmann zu unvermittelt kommt.
Wer es einfacher machen will, trennt Text- und Geräusch- bzw. Musikteile.
Jetzt kann die erste Tonaufnahme („Mutterband" oder „Mastertape") angefertigt werden. Die Zeit ist da, die ersten akustischen Spaziergänge zu erproben.
Zuletzt noch eine Anmerkung:
Werden fremde Musikstücke, Geräuschaufnahmen, Passagen aus Lesungen oder Theaterstücken eingespielt, so unterliegen sie dem gesetzlich geschützten Urheberrecht. Für interne und private Zwecke spielt das keine Rolle. Will man aber einen akustischen Spaziergang öffentlich im Museum anbieten, so müssen diese Rechte erfragt und geklärt werden. Hierzu ist es am besten, sich von den Experten aus dem Museum bzw. den Landesbildstellen Rat einzuholen.

Präsentation des akustischen Spaziergangs

Ihren Abschluß findet die Werkstatt mit der Präsentation der Arbeitsergebnisse, die in Zusammenarbeit mit dem Museum erfolgt (siehe Kapitel „Projektarbeit im Museum"). Die Projektgruppe (einschließlich beteiligte Museumsmitarbeiter) sorgt nun dafür, daß alle benötigten Geräte, Materialien und Wegzeichen vorhanden sind. Ziehen Sie genügend Kopien entsprechend der erwarteten Besucherzahl. Dazu kommen entsprechend viele Walkmen, deren Einsatzfähigkeit vor der Präsentation getestet werden muß. (Ansprechpartner sind hier Landesbildstellen, Museen, Schulen, andere Bildungseinrichtungen.) Ist dies alles geschehen, erledigt die Werkstatt die allerletzten Vorbereitungsarbeiten. Ein Organisationsplan hilft, den Ablauf der Präsentation zu regeln. Die Museumsleitung ist dabei. Das Fest kann beginnen.

Glossar

Ästhetik (griech.)	Lehre vom Wesen, den Bedingungen und Erscheinungsformen der Kunst
Allegorie (griech.)	Sinnbild, Gleichnis, Verbildlichung eines abstrakten Begriffs oder Vorgangs, oft in Form einer Personifikation, z. B. Darstellung des Glücks durch eine Göttin auf einem geflügelten Rad
amorph (griech.)	ungeformt, gestaltlos
Analogie (griech.)	Ähnlichkeit, Entsprechung
Animation (lat.)	lustvoll organisiertes Mitmachangebot zu einem bestimmten Thema
Assemblage (franz.)	Zusammensetzung, Zusammenfügung; in der Kunst dreidimensionale Werke, die als Objektkunst gebildet werden
Assoziation (lat.)	Vorstellungsverknüpfung
Bluff (engl.)	einschüchternde Irreführung
Brainscetching (engl.)	visuelles Umsetzen unfrisierter Gedanken in Szenenfolgen
Brainstorming (engl.)	Zulassen frei flottierender Gedanken, eventuell Austausch durch Zurufen innerhalb einer Gruppe
Brainwriting (engl.)	schriftliches Festhalten frei flottierender Gedanken
Bruitismus (franz.)	Krach und Geräusch als dadaistische Musikform
Clustering (engl.)	Anhäufen, zu Büscheln anordnen; hier: freie, assoziativ - kreative Schreibmethode, die Assoziationsmaterial in „Wolken“ um ein Kernwort entwickelt

Collage (franz.)	aus Papier oder anderem Material geklebtes Bild; auch für literarische oder musikalische Komposition gebraucht
Exponat (lat.)	Ausstellungsstück
evozieren (lat.)	hervorrufen
Fotomontage (franz.)	Erfindung von Dada Berlin, hervorgegangen aus der Collage: Zusammenstellung verschiedener, vor allem fotografischer Bildausschnitte zu einem Gesamtbild
Frottage (franz.)	zuerst von Max Ernst 1925 angewandte Kunsttechnik, die mittels Durchreiben (daher der Name Frottage) - meist mit Graphit - natürliche Strukturen wie Maserungen und ähnliches auf Papier überträgt
Gestik (lat.)	Gesamtheit der Gebärden
Happening (engl.)	Kunstveranstaltung, bei der durch Aktionen, in denen Besucher aktiv mitwirken, ein nachhaltiges oder schockierendes künstlerisches Erlebnis vermittelt werden soll
Habitus (lat.)	Erscheinungsbild von Menschen, Pflanzen und Kristallen; Anlage; Haltung; Körperbau
Haiku (jap.)	japanische Gedichtform
haptisch (griech.)	den Tastsinn betreffend
Installation (lat.)	künstlerische Raumgestaltung, oft mit technischem Gerät
Inspiration (lat.)	Eingebung, Erleuchtung
kakophonisch (griech.)	mißklingend
kollektiv (lat.)	gruppenweise, gemeinschaftlich
Koloristik (ital.)	Farbgebung, -wirkung, Klangfarbe
Kompendium (lat.)	Abriß; Lehrbuch

Kustos (lat.)	Amtsbezeichnung eines wissenschaftlichen Mitbearbeiters in Museen oder ähnlichen Institutionen
Manifest (lat.)	öffentliche Erklärung, Kundgebung
Mimik (griech.)	Gebärden- und Mienenspiel
objets trouvés (franz.)	zufällig gefundene Gegenstände
olfaktorisch (lat.)	den Geruchssinn betreffend
optophonetisch (griech.)	zum Sehen und zum Hören; die visuelle Gestaltung soll die Aussprache charakterisieren
Paradox (griech.)	Widersinnigkeit; Widerstreit zwischen an sich gleich begründeten Sinngehalten
Partitur (ital.)	Zusammenstellung aller zu einem Musikstück gehörigen Stimmen
Performance (engl.)	künstlerische Vorführung vor einem Publikum
phonetisch (griech.)	lautbildnerisch
Poème (franz.)	Gedicht
Pseudonym (griech.)	Deckname; Künstlername
Ready-made (engl.)	Fertigware; von Marcel Duchamp eingeführte Bezeichnung für seine dem Dadaismus zuzurechnende Methode, banale Haushaltsgegenstände und Industrieerzeugnisse zu Kunstwerken zu machen, indem er sie aus dem ursprünglichen Gebrauchszweck löst, sie besonders aufstellt und sie mit einem neuen Titel, d. h. einer neuen Bedeutung versieht
Recherche (franz.)	Nachforschung
Rezeption (lat.)	verstehende Aufnahme eines Textes oder Kunstwerkes
Rezitation (lat.)	künstlerischer Vortrag einer Dichtung

Setting (engl.)	Bedingungsgefüge; Übungsanordnung: Material, Didaktik und Methodik der Anleitung mit Motivationsanregung
Simultaneität (lat.)	Gemeinsamkeit, Gleichzeitigkeit
Sujet (franz.)	Gegenstand bzw. Stoff künstlerischer Darstellung
Synästhesie (griech.)	Verschmelzung mehrerer Sinneseindrücke
Synektik (griech.)	Zusammenhalten, Zusammenwirken verschiedener Einzelelemente; hier: Denktechnik, die systematisch Analogien zu einem Problem sucht, um dieses unkonventionell zu lösen
Teamer (engl.)	verantwortlicher Leiter einer Seminargruppe, gibt Initiativanstöße, sollte aber in Teamwork (Gemeinschaftsarbeit) die Aktivitäten mit der Gruppe entwickeln
Triptychon (griech.)	dreiteiliges Bild; besonders ein mittelalterlicher Flügelaltar, der aus einem Mittelbild und zwei Seitenflügeln besteht
Type (franz.)	Schriftletter
Warming-Up (engl.)	Aufwärmen; hier: Methoden, die den Kommunikationprozeß innerhalb von Gruppen zu Beginn einer Veranstaltung erleichtern und die Gruppendynamik fördern sollen

Literaturhinweise

Neben der Literatur, die in den einzelnen Kapiteln des Buches angegeben ist, nennen wir an dieser Stelle einige Bücher, die einen schnellen Zugriff auf die verschiedenen hier behandelten Themen und weiterführende Literatur ermöglichen.

Veröffentlichungen mit museumspädagogischem Anspruch zur Orientierung in Museen und zur Kunstvermittlung

Christie, Bianca, Abenteuer Museum. Kunst für Kinder. Ein Buch für Erwachsene, Lichtenau 1995
(Vorschläge zu Aktionen mit Kindern in Museen, die vom MD Berlin erprobt wurden)

DurchSicht, (Hg.) Berliner Institut für Lehrerfort- und Weiterbildung und Schulentwicklung (BIL), Berlin
(Halbjährlich erscheinende Zeitschrift zur Museumspädagogik in Berlin und Brandenburg)

Eiböck, Christoph, u. a., Das Palmenbuch, Wien 1991
(Sinnliche Vorschläge zur Orientierung im Museum, liebevoll aufbereitet)

Frayling, Christopher, u. a., Das Kunstpaket. Ein Streifzug durch die bildende Kunst mit einleuchtenden Beispielen, dreidimensionalen Bildern und vielerlei erstaunlichen Effekten, (ars edition), München 1993
(Mehr sinnlich gestaltetes „Paket" als Buch zu Form, Licht, Farbe, Komposition usw. mit Worterklärungen der wichtigsten Begriffe und Stile und einer Kassette zu 20 bedeutenden Kunstwerken)

Fast, Kirsten, Handbuch museumspädagogischer Ansätze, Berliner Schriften zur Museumskunde 9, Berlin 1995

Hense, Heidi, Das Museum als gesellschaftlicher Lernort. Aspekte einer pädagogischen Neubestimmung, Koch, Gerd (Hg.), Frankfurt/M. 1990

Paatsch, Ulrich, Ausgewählte deutschsprachige Literatur zur Museumspädagogik und zu angrenzenden Gebieten, Verein für Museumspädagogik Baden-Württemberg e. V., Heidelberg 1995
(wird ständig aktualisiert)

Schemm, Jürgen von, Benjamin in der Kunsthalle. Plastiken und Skulpturen sehen, erleben, verstehen. Ein Museumsführer für Kinder, Kunsthalle Mannheim 1994
(Bezieht sich zwar auf die Exponate der Kunsthalle Mannheim, ist aber verallgemeinerbar.)

Selle, Gert, Betrifft Beuys. Annäherung an die Gegenwartskunst, Unna 1994
(Unterschiedliche Formen des Austausches mit dem Werk von Joseph Beuys werden vorgestellt: Selbstbestimmte Dialoge über Assoziationen, Schreiben, mimetisch-spielerische Aktionen bis hin zu leiblich handelnder Wahrnehmung)

Standbein Spielbein. Museumspädagogik aktuell, Bundesverband Museumspädagogik e. V. (Hg.), Szenario, Friesenstr. 6, 31134 Hildesheim
(Jedes Heft ist einem Thema gewidmet wie „Führungen", „Kunst und Kunstvermittlung", „Dinosaurier", daneben Berichte und Interviews und ein Serviceteil mit Buchrezensionen, Ausstellungsbesprechungen und ein Terminkalender für Fortbildungen, Tagungen, usw.)

Wege zum lebendigen Museum. Museen und Kulturvereine als Orte kultureller Bildung. Bericht über die Tagung „Besucher im Museum – Ratlos?" der Arbeitsgruppe für empirische Bildungsforschung e. V., Heidelberg, in Zusammenarbeit mit dem Sprengel Museum Hannover, E. Nuissl, U. Paatsch, C. Schulze (Hg.), Heidelberg 1987

Weschenfelder, Klaus/Zacharias, Wolfgang, Handbuch Museumspädagogik. Orientierungen und Methoden für die Praxis, Düsseldorf 1992 (3. Auflage)
(Standardwerk)

Kreatives Schreiben

Fritzsche, Joachim, Schreibwerkstatt, Stuttgart 1989
(Sammlung von Schreibaufgaben, -übungen, -spielen mit zahlreichen Textbeispielen)

Mattenklott, Gundel, Literarische Geselligkeit. Schreiben in der Schule, Stuttgart 1979
(Literarisch-historische Bezugspunkte der kreativen Schreibbewegung)

Mosler, Bettina/Herholz, Gerd, Die Musenkussmischmaschine, Essen 1991
(120 methodisch begründete Vorschläge für Schreibspiele)

Rico, Gabriele L., Garantiert schreiben lernen, Reinbek 1984
(Originaltitel: „Writing the Natural Way", Intensive Darstellung der Schreibmethode „Clustering")

Scheidt, Jürgen vom, Kreatives Schreiben, Frankfurt/M. 1989
(Schreiben als wichtige Kulturtechnik. Arbeitshilfen, Abbau von Schreibblockaden, Tips für den Schreibprozeß)

Werder, Lutz von, Lehrbuch des kreativen Schreibens, Berlin/Milow 1993[2]
(Umfassende Darstellung von Theorie und Praxis des kreativen Schreibens)

Werder, Lutz von / Mischon, Claus / Schulte-Steinicke, Barbara, Kreative Literaturgeschichte, Berlin/Milow 1992
(Literarische Schreibprojekte)

Kunstgeschichte

Begriffsdefinitionen

Jahn, Johannes / Haubenreisser, Wolfgang, Wörterbuch der Kunst, Kröners Taschenausgabe Band 165, Stuttgart 1989

20. Jahrhundert

Deutsche Kunst im 20. Jahrhundert, Malerei und Plastik. 1905-1985, anläßlich der gleichnamigen Ausstellung in der Staatsgalerie Stuttgart vom 8. Februar bis 27. April 1986, Joachimides, Christoph, u. a. (Hg.), München 1986

Haftmann, Werner, Malerei im 20. Jahrhundert. Eine Entwicklungsgeschichte mit über 500 Künstlerbiographien (2 Bde.), München 1987 (7. Aufl.)

Ich und die Stadt. Mensch und Großstadt in der deutschen Kunst des 20. Jahrhunderts, Katalog anläßlich der gleichnamigen Ausstellung in der Berlinischen Galerie vom 15. August bis 22. November 1987, Roters, Eberhard, u. a. (Hg.), Berlin 1987

Zone 5. Kunst in der Viersektorenstadt. 1945 - 1951, Gillen, Eckhart / Schmidt, Diether (Red.), gegenwart museum, Berlinische Galerie Museum für Moderne Kunst, Photographie und Architektur / Museumspädagogischer Dienst Berlin (Hg.), Berlin 1989

Expressionismus

Elger, Dietmar, Expressionismus. Eine deutsche Kunstrevolution, Köln 1988

Meisterwerke des Expressionismus. Gemälde, Aquarelle, Zeichnungen und Druckgraphik aus dem Brücke-Museum Berlin, Katalog anläßlich der gleichnamigen Ausstellung in der Kunsthalle Tübingen vom 16. Februar - 21. April 1991, Moeller, Magdalena M. (Hg.), Stuttgart 1990

Dada

Bergius, Hanne, Das Lachen DADAs. Die Berliner Dadaisten und ihre Aktionen, Werkbund-Archiv, Band 19, Gießen 1989

Der deutsche Spiesser ärgert sich. Raoul Hausmann. 1886-1971, Katalog anläßlich der gleichnamigen Ausstellung

in der Berlinischen Galerie, Museum für Moderne Kunst, Photographie und Architektur, Berlin vom 12. August -12. Oktober 1994
Huelsenbeck, Richard (Hg.), Dada. Eine literarische Dokumentation, Reinbek 1984-1987

Neue Sachlichkeit

Buderer, Hans-Jürgen / Fath, Manfred, Neue Sachlichkeit. Bilder auf der Suche nach der Wirklichkeit, Katalog anläßlich der gleichnamigen Ausstellung in der Kunsthalle Mannheim vom 9. Oktober 1994 - 29. Januar 1995, München 1994
Michalski, Sergiusz, Neue Sachlichkeit. Malerei, Graphik und Photographie in Deutschland 1919-1933, Köln 1992

Bauhaus

Droste, Magdalena, Bauhaus. 1919-1933, Bauhaus-Archiv, Museum für Gestaltung (Hg.), Köln 1990
Experiment Bauhaus. Das Bauhaus-Archiv, Berlin (West) zu Gast im Bauhaus Dessau, Bauhaus-Archiv, Museum für Gestaltung (Hg.), Katalog anläßlich der gleichnamigen Ausstellung im Bauhaus Dessau vom 7. August - 25. September 1988
Richter, Annette / Sagasser, Gabriele, Bauhaus - quadratisch, praktisch, schön, aber unbequem? Band 1 Handreichung für Lehrer, Band 2 Materialien, Berliner Institut für Lehrerfort- und weiterbildung und Schulentwicklung / Museumspädagogischer Dienst Berlin (Hg.), erscheint voraussichtlich Herbst 1996

Alexander Camaro

Camaro. Ölbilder, Aquarelle, Zeichnungen. Neuer Berliner Kunstverein (Hg.), Katalog anläßlich der gleichnamigen Ausstellung in der Staatlichen Kunsthalle Berlin vom 3. September - 12. Oktober 1983

Camaro, Bilder der Achtziger Jahre. Katalog anläßlich der gleichnamigen Ausstellung in der Galerie Pels-Leusden Berlin vom 16. Januar - 1. September 1990

Primärliteratur und Anthologien
(im Taschenbuch erhältlich)

Lyrischer Expressionismus

Pinthus, Kurt, Menschheitsdämmerung. Symphonie jüngster Dichtung, 1920
Vietta, Silvio, Lyrik des Expressionismus, Tübingen 1979

Neue Sachlichkeit

Fallada, Hans, Kleiner Mann, was nun?, 1932
Verfilmungen: Deutschland 1933 (Regie: F. Wendhausen); Little Man What Now?, USA 1934 (Regie: F. Borzage); DDR 1970 (Regie: H. J. Kasprzik; TV)
Kästner, Erich, Fabian. Geschichte eines Moralisten, 1931 Verfilmungen: BRD (Regie: W. Gremm)
Keun, Irmgard, Das halbseidene Mädchen, 1932

Dada

Dada Berlin. Texte, Manifeste, Aktionen, Riha, Karl (Hg.), Reclam 9857, Stuttgart 1991

Fotonachweis (sofern bekannt)

Jörg. P. Anders (47, 86, 102), Hans-Joachim Bartsch, Berlin (53, 93), Jörg von Bruchhausen (183), Michael Drechsler (Titelbild, 14, 16, 24, 41/1, 54, 55, 101, 142, 150, 153, 172, 175, 176, 180, 193), Markus Hawlik (109, 163, 174), Udo Hesse (184), Hermann Kiessling (133,139,152), Idris Kolodziej (46 linke Abbildung), G. Lepkowski (46 rechte Abbildung), Claus Mischon (41/2), Thomas Rehork (21, 56, 70)

Bildrechte

Dreischwinger, (c) Designwerkstatt Berlin; L. Cranach, d. Ä., (c) SMPK Berlin, Gemäldegalerie; E. L. Kirchner (c) Dr. Wolfgang und Ingeborg Henze-Ketterer, Wichtrach/ Bern; H. Matisse, (c) VG Bild-Kunst, Bonn 1995/ Succession Matisse; E. Heckel, (c) Nachlaß Erich Heckel, Hemmenhofen; M. Beckmann, (c) VG Bild-Kunst, Bonn 1995; L. Meidner, (c) Ludwig Meidner-Archiv, Jüdisches Museum der Stadt Frankfurt am Main; L. Corinth, (c) VG Bild-Kunst, Bonn 1995; N. Gabo, (c) Williams, Biddenden, Kent; S. Kubicki (Bildrechte eingeholt); A. Camaro, (c) Renata Camaro; A. Kanoldt, VG Bild-Kunst, Bonn 1995; J. Mammen, (c) VG Bild-Kunst, Bonn 1995; G. Grosz, (c) VG Bild-Kunst, Bonn 1995; A. Sander, (c) VG Bild-Kunst, Bonn 1995; R. Hausmann, (c) VG Bild-Kunst, Bonn 1995; G. Rickey, (c) VG Bild-Kunst, Bonn 1995; H. Richter-Berlin, (Bildrechte eingeholt); A. Sander, (c) VG Bild-Kunst, Bonn 1995; H. Trökes, (c) Trökes, Berlin.

Autorinnen und Autoren dieses Buches

Claudia Cremer, Jg. 1959 Kunst- und Kulturpädagogin in Berlin. Leitung von Seminaren zu Stadtgeschichte, Alltagskultur und Kunst

Michael Drechsler, Jg. 1942 Diplompädagoge. Wissenschaftlicher Mitarbeiter des Museumspädagogischen Dienstes Berlin. Arbeitsschwerpunkte: Entwicklung von Seminaren und Veranstaltungen zur Kunst, Kultur- und Stadtgeschichte. Koordination des Projekts „Fenster zur Kunst"

Claus Mischon, Jg. 1948 M. A., Germanistik und Philosophie. Wissenschaftlicher Mitarbeiter an der Alice-Salomon-Fachhochschule für Sozialarbeit und Sozialpädagogik Berlin und am Institut für Kreatives Schreiben Berlin. Leitung von Seminaren und Schreibwerkstätten in der Erwachsenen- und Lehrerfortbildung

Anna Spall, Jg. 1968 M. A., Kunstgeschichte und Germanistik. Studium in München, Perugia, Venedig und Berlin. Wissenschaftliche Volontärin beim Museumspädagogischen Dienst Berlin

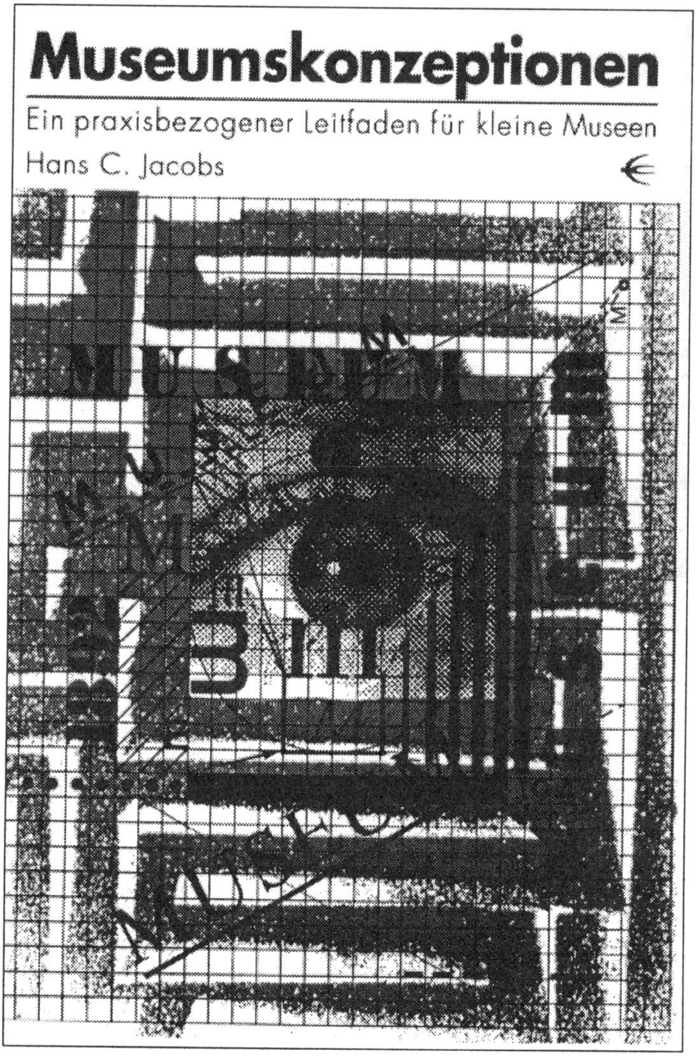

Hans C. Jacobs

Museumskonzeptionen

ISBN 3-928878-19-0

96 S.

19,80 DM

1995

Lutz von Werder
Lehrbuch des kreativen Schreibens
ISBN 3-928878-05-0
524 S.
39,80 DM
1996[3]

Claus Mischon, Barbara Schulte-Steinicke,
Lutz von Werder
Kreative Literaturgeschichte
ISBN 3-928878-01-8
336 S.
35,- DM
1992